お金でなく、人のご縁で
でっかく生きろ!

●

中村文昭

サンマーク
文庫

文庫化にあたって

僕の初となる本書の単行本が書店に並んだのは18年前。自分の子どものような、分身のような存在を見つめながら、次はどんなご縁が、役割がやってくるのか、少しニヤニヤしながら、思いを巡らせたあの日を思い出します。

書籍の発売を機に、僕の生活は大きく変わりました。レストランオーナーの傍ら行っていた講演活動が爆発的に増えていき、いつのまにか講演家という肩書で僕は走っていました。

その後も増えつづける講演は、さまざまなご縁を僕にプレゼントしてくれました。自分の想像を超える未来はいつもご縁の先にあり、見える世界や聞く言葉が次第に大きくなっていきました。具体的には店の売り上げや顧客満足、人育てといったビジネスの課題でなく、社会問題という大きなテーマをいつしか見るように、聞くようになっていたのです。

「引きこもりやニートの問題」「農業従事者の減少と高齢化の問題」など、講演行脚をしながら全国でさまざまな意見やアイデアを聞くうちに、ひとつの答えが僕の中に舞い降りました。問題と問題を掛け合わせ、一気に二つの問題を解決するという計画です。そして、コミュニケーションが苦手な若者たちにスキルがなくとも働ける場や雇用をつくる……そんな思いつきを形にすべく、株式会社耕せにっぽんを立ち上げることになりました。今では、沖縄・三重・北海道と全国三か所で事業を展開しています。

だれがそんな僕の未来を予想できたでしょうか。僕自身はもちろん、僕のまわりの人たち誰ひとりとして、今の僕を想像できた人はいないと思うのです。

いわゆる目標達成型の生き方でなく、自分に訪れる「ご縁」を大切に、目の前の人を喜ばせる天命追求型の生き方。これは、時代がどんなに移り変わろうが、自分が見たことのない、想像をはるかに超える世界へと導いてくれます。

今回、本書の文庫化のご縁をいただき、さらにワクワクが止まりません。本書がまた新たなご縁を、全国各地で巻き起こしてくれることを楽しみにしています。

二〇二一年　六月吉日

中村文昭

はじめに………「新幹線友だち」を百人つくるご縁の秘密

新幹線のホームに立つと、僕はいつもワクワクします。十三両目「5のB」などというチケットを握りしめ、入ってくる列車をどきどきして待ちます。

旅への期待はだれにでもあるでしょうが、座席番号をちらちら見ながらアホみたいにワクワクしているのは僕だけでしょう。

はじめて新幹線に乗る小学生でも、鉄道マニアのカメラマンでもないのに、なぜそんなにワクワクするのか――？

それは、もしかしてすでに僕のチケットの隣、「5のA」という席に座って名古屋に向かっているか、この名古屋から乗り込んでくる、見知らぬ人のことを考えるからです。

そうです。**僕は新幹線に乗ったとき、必ず隣に座る方と友だちになります。**

名古屋駅から東京駅まで一時間五十分、それを出会いの旅だと思っているのです。

二時間もの時間を同じ人間同士、席を隣り合わせながら、口をきかないほうがかえって不自然ではないでしょうか？　僕はそう思います。

もちろん、彼、もしくは彼女は、東京までゆっくり眠って行くつもりで、いい夢を見ているかもしれません。あるいは本を読むつもりで乗ってくるかもしれません。

しかし僕は、「かわいそうでも、名古屋から先は眠れまへんで。東京まで大変なことになりまっせ」とまだ会っていないその人に話しかけながら、そんなことを予測もしないで乗ってくる人を想像しているのです。お気の毒な話ですが、僕にとってみれば、その人は網にかかった魚なのです。

ただ、魚を捕らえて、自分の池に連れてくるには術がいります。たとえば、隣によっこらせと座って、何秒かしてから「こんにちは」と声をかけてみてください。ほとんどの人が、「な、なんですか」という表情をして、厚いバリアを張ってしまいます。「宗教？　保険の勧誘？」とでも思うのでしょう。

「せっかく隣に座ったのだから、お話ししたいと思いまして」などと言おうものなら、一気に敬遠モードに入り、みなさん気持ち悪がります。一回バリアを張られたら、これを壊すことは、ほぼ不可能です。だまって席を替わってしまう人さえいます。

ですから、魚を自分の池に連れてきて、安心して泳いでもらうためには、このバリアを張られる前に、なんとかしなくてはならないのです。

どうしたらいいのか、僕が偶然発見した方法は、いってしまえば簡単です。

「隣の人の足を踏む」ことなんです。用意するものはハンカチ一枚。

網棚に荷物を上げながら、何気なく相手の足を軽く踏んでおいて、「いや、すんまへん。大変なご無礼をしまして」とか言いながら、やおら相手の足元にかがみ込み、ハンカチで靴を拭きます。

相手はバリアを張るどころではありません。しつこく拭いている僕に、「もういいよ、いいですよ」と必ず言います。話のきっかけがつかめればこちらのものです。「私、伊勢のほうでレストランをやってまして、客商売の人間がお客様の足を踏むなんて言語道断です。ほんま、ドンくさいところがありまして」

あっというまに自己紹介できます。

自己紹介をして多少バリアが取れたからといって、そのまま自分のことをしゃべりまくってはいけません。

ポイントは、相手から進んで話してもらうことなのです。だから、最初は徹底して聞き手にまわります。ただし、相手の口をゆるめさせるのにもコツがいります。たとえば、「どんな仕事をしていらっしゃるんですか」と聞いたとします。僕のように単純に「伊勢のほうでレストランを」と答えられるならそれもいいでしょうが、環境問題やら、なんとかコンサルタントやらと、ややこしい仕事だったら相手も困ります。

ですから、最初の三つか四つは、東京へ行くのか帰るのかというような、イエスかノーで答えられる質問をします。それをくり返すうちに、相手は僕と会話をすることに慣れてきます。

やがて、答えに三分かかる質問、五分かかる質問に移っていくことができます。そのとき大事なことは、「なるほど」「へぇー」「そうなんですか」のあいづちを忘れないことです。感心するだけでなく、さりげなくメモをとったりすれば、ますます相手は気をよくして一生懸命話してくれますから、こちらも知識を増やすことができます。

こんな感じで二時間あれば、たいていの人間はお互いを相当に知り合うことができ、じつに実り多い時間になります。

降りるときにはもう旧知の友人のようになってしまいます。

「このまま別れるのはもったいない。東京にいる間に一度、訪ねてきてくださいよ。おいしい肴《さかな》で一杯やりましょう」と、固い握手をして再会を約束するまでになってしまうことは、決してめずらしくはないのです。

こうした武器や秘術を駆使して、僕の「新幹線友だち」はすでに百人を超えて全国的な規模になり、その百人からまた人の連鎖が広がっています。

そして今、生まれてはじめて本を書いているわけですが、そのきっかけは、一見ひよわな、僕の田舎の方言でいえば「ひなずい」感じの女性編集者さんが、僕の講演会に来てくれたことでした。

そもそも、彼女を講演会に誘ってくれたのは、元吉本興業の大谷由里子さんです。その大谷さんと僕が知り合えたのは、浦川國雄さんという人のおかげです。浦川國雄さんは、お好み焼き屋チェーンで有名な千房《ちぼう》（株）の中井政嗣《まさつぐ》社長が紹介してくれました。

中井社長と知り合ったのは、呉服屋の吉野精一さんがいたからで、吉野さんを引き合わせてくれたのは、ＬＭＰ経営塾の横井悌一郎《ていいちろう》塾長。しゃべることが大好きな僕に、講演をしてみないかと仕掛けてくれたのも横井塾長で、その横井塾長と出会えたのは、南勢建築設計の伊東俊一さんのおかげ。伊東さんと知り合ったのは、(株)新谷土建の新谷浩一社長の縁です。

さらに新谷浩一さんの前には、伊勢で一番のおいしい肉屋さん、(有)豚捨の森大亮《だいすけ》さんという人がいて……というぐあいにさかのぼっていきますと、まだまだ時間がかかりますので、このへんにしておきますが——。

最終的にこの人の連鎖の大もとは、なんと八年ほど前の新幹線に到達するのです!

このうちのどの出会いが欠けても、今日という日はなかったわけです。それは、こうして本を読んでくださっているみなさん全員にもいえることではないでしょうか。

たとえば、学校を卒業して就職活動をするとき、今の会社を受けていなければ、あるいは受かっていなければ、会っていない人もいるでしょうし、僕の本に興味をもたなかったかもしれません。

ご縁がご縁を呼ぶ出会いの不思議さを、僕はある種、厳粛《げんしゆく》な思いでとらえています。

出会いのチャンスは僕だけにあるのではありません。人のご縁の連鎖は、だれにでもつくれます。多くの方が、その「点」の出会いを、点のまま流してしまっているだけではないかと思うのです。

この本を手にとってくださったみなさんと、新たなご縁が結ばれ、僕が今まで味わった人と人との出会いやご縁の感動を、ひとりでも多くの方に共有していただけたら、こんなにうれしいことはありません。

著者

お金でなく、人のご縁ででっかく生きろ！　目次

第2章 尊敬する人のご縁で、人生が濃くなる

中村流・ご縁の深め方

第3章
「人たらし」の本質は、人を喜ばせること
中村流・口コミのつくり方・広げ方

第4章
頭も資格も、お金もいらない
中村流・自分の肥やし方

第5章
人を育てるとは自分が育つこと
中村流・人と組織のつくり方

装丁……萩原弦一郎（256）
編集協力……福島茂喜
株式会社ぷれす
編集……青木由美子
新井一哉（サンマーク出版）

本書は、二〇〇三年に小社より刊行された単行本を文庫化したものです。
文中の肩書き・データ等は刊行当時のものです。

第1章

人の心は、足で歩いて手でつかめ

中村流・ご縁の見つけ方

自動販売機は、人との出会いを遠ざける

人になつかないのは「もったいない」

自分には出会いがないという人が多いようですが、はたしてそうでしょうか？　街で人とすれ違うことですら、出会いです。

その一瞬には、出会いの接点が「点」としてあるはずです。その人とのふれあいの「点」を「点」で終わらせたくない、なんとか「線」にしたい、それならまずふれあいを大事にしたい——。そう思ったのが、僕の「なつき人生」、言葉は悪いですが「人たらし人生」の始まりです。

「なぜ、新幹線の中でまで人になつきたいんですか？」と聞かれたこともありますが、僕にいわせれば、日本には、いや地球上にはこれだけたくさん人がいるのですから、これらの人に「なついて」いかなければ損だ、もったいない！　と思うのです。

人になついていくには、自分で自分に「おれは人が好きなんや」と暗示をかけることが効果的です。

たとえば、僕はたばこもジュースも絶対、自動販売機では買いません。たばこ屋のおばちゃん、コンビニのお姉ちゃんから買います。どんなに無愛想でも、人間さまのいるお店のほうがいいのです。そして、「今日はいいお天気やねー」などと、何かひとこと、話しかけながら買うようにしています。

相手が怪訝《けげん》な顔をしても、べつに迷惑をかけているわけではありません。返事をしようがしなかろうが、こういった行動を二度三度と積み重ねていくと、必ず相手も言葉を返してくれるようになります。

そして、何がおもしろくてこんな店番をしてるんだという仏頂面《ぶっちょうづら》に、いつのまにか「おっ、また来たか」という表情を浮かべてくれるようになるのです。

自分は人嫌いで、人に「なつく」なんてとんでもないと思っている人も、一度、こんなふうに「自分は人が好きだ」と暗示をかけてみたらどうでしょう?

僕が人に「なつく」理由は、もうひとつあります。

人間というのは、年齢を重ねていくうちにいろいろな人に出会って、いろいろな人の「いいとこ取り」をしながらつくられていく生き物だと思っているからです。

自分をかたちづくるものの九〇パーセントは、他人からの影響だと聞いたことがあります。

僕という人間も、これからお話しするさまざまな方との出会いや影響によってつくられたものです。どうあがいても、人間には何からも影響を受けずに生きていくなんていうことはできないと思っていますし、僕は人から影響を受けながら自分づくりを楽しんでいるようなところがあります。

きっとだれでも、自分がいいな、と思うことのまねをしながら、どんな人間になるかが決まっていくのでしょう。悪い環境で悪いことをしたり、単純に楽をするのがいいと思って、そういう生き方を選ぶ人は、やっぱりそちらの方向に向かいます。

僕は「自分の経験したことがないものには、決して好き・嫌いを言わない」と心に決めています。だから先入観をもつ前に、どんな人にもなつきます。

人はふつう、新しいことに直面したとき、「好き・嫌い」「できる・できない」と瞬間的に判断してしまいますが、それでは自分が広がりません。

僕の場合は「とにかく、やってみよう」です。

去年の自分、昨日の自分からは思いつかないような自分になりたいなら、みずから幅を狭めていてはだめなのです。

自分ひとりの力ではできないことも、いろいろな人の力や影響、知恵を借りれば何百倍の規模でできるはずだし、そう思ったほうがずっと楽しい人生です。

今からの人生、未来を少しでもおもしろい人生、豊かな生き方にしたいのなら、人のご縁を大事にしていこうではありませんか！

おまわりさんにもオゴってもらえる
つかまった警察だって、人のご縁のかなめになる

僕は、伊勢の高校を卒業した十八歳のときに上京しました。一足先に上京していた兄を頼ったのですが、大きな夢を抱いて東京へ行った兄とは大違い、したいこともわからないままの上京でした。

というのも、三年生になったとき学校から示された三つの道、大学か就職か専門学校かの、どれにも興味が湧かなかったからです。

「世の中のことを何も教えてくれないで、将来を決めろと言われても困る」と文句を言った僕に、担任の先生は、「おまえには、これが合っているのではないか」と

言って、専門学校の案内書を手渡してくれました。その分厚い案内書を一ページずつめくりながら、僕は思いました。

「ひとページ、ひとページ、違う人生やな。でも、この本をめくりながら人生を決めるなんてこと、絶対にでけへんわ」

結局、僕は生意気にも「何も決めないことを選択します」と言いました。

先生はあきれ、親は怒りました。しかし、決められないものは決められません。

ただ、一生懸命生きていこうという気概はありました。

そこで東京へ行こうと思いました。いろいろな人に出会って、いろいろな考えを聞いて、必要な資格があるなら、大学なり専門学校なりへ、それから行っても遅くはあるまいと思ったわけです。

兄の優しい出迎えを受けた翌日、家から荷物が届きました。言葉少なに見送ってくれた父、口うるさく送り出してくれた母。母からの荷物には、すぐ食べられるものが詰めてあります。「こんなのいらんのに」と思いながら、それでも食べていると、ちょっと泣けてきます。父からの大きな荷物は自転車でした。

「東京まで行って自転車を盗むといかんから」と、高校時代に乗っていた自転車を分解して送ってくれたのです。ありがたいことではありましたが、組み立ててみるとなぜかブレーキを締める工具が足りません。

「スピードを出さなければ、ま、いいか」と思いなおし、ブレーキはきかなくても、父の手綱《たづな》は十分きいた、ありがたい自転車「親の愛号」に乗って、東京見物としゃれこみました。

春の東京はよく晴れていて、人よりサルが多いほどの山奥から出てきた僕には、どの建物もめずらしく、洗練されて見えました。

ところが、さわやかな気分はそう長くは続きませんでした。あまりの気持ちよさにブレーキがきかないことを忘れてしまい、あれよあれよと思う間に突っ込んでしまったのが、博物館とおぼしき建物でした。

広い敷地に入ったとたん、「待てぇ!!」の声が聞こえました。同時にけたたましくサイレンが鳴りはじめ、守衛が追いかけてきます。

が、「待て」と言われても、この自転車はどこまでも止まらない「親の愛号」です。というとカッコいい（よくない？）ですが、要は止まれない構造になっているのです。

守衛さんにしてみれば、逃げているとしか思えなかったでしょう。追いかけられるのも道理、博物館と思ったのは大間違いで、防衛庁だったのです。

過激派でも来たと思われたのでしょう。取り押さえられ、しつこく身元を聞かれましたが、転がり込んだばかりの兄のアパートは、住所も電話番号もわかりません。さんざんあやしまれたあげく、これだけは言いたくないと思っていた実家の住所と電話番号を言うはめになってしまいました。

いかにやんちゃな息子でも、不慣れな東京ではまだ身動きもとれないだろう、と母は思っていたはずです。

そこにいきなり「こちらは防衛庁だが、国家命令と厳粛に受け止め、質問には正確に答えるように。じつはお宅の息子と名乗る者が……」という電話が入ったのですから、いかに肝っ玉母さんでも、驚かないほうがおかしいでしょう。

すべての指の拇印《ぼいん》を押したりしてようやく解放されたものの、ホント東京は怖い、もう妙なところに突っ込んではいけないと、自転車を押してトボトボ歩いていると、今度は、前から懐中電灯を回しながら近づいてくる、ヘンなおじさんがいます。

目を合わさないよう、視線をそらして歩いていると、「ハイハイ、止まって」とおじさんは言います。今度は、正真正銘、本物のおまわりさんでした。そしていきなり、「その自転車どこで盗んだの?」と職務質問です。

「いやー、これ僕のですよー」と抗議すると、「ウンウン、自転車泥棒はね、みんなそう言うんだよ。まあ、すぐそこだから署に寄ってこうか」となってしまいました。

警察でも、防衛庁と同じく住所不定のあやしいやつということになり、自分の自転車だと証明する人として、東京へのデビュー初日にして、二度目の母への問い合わせです。いつもは強いはずの母の心臓を、このときほど心配したことはありません。

いちおう身元がわかったあと、おまわりさんに「さっきも大変やったんです。じつは……」と防衛庁でのことを詳しく話しました。

するとおまわりさんは、じっくりと聞いてくれ「ドラマチックなやつだな」とゲラゲラ笑い出しました。

そしてじつはそのおまわりさん、堀越さんが、僕の東京での友だち第一号になってくれたのです。

「これからどうするんだ」といろいろ心配してくれて、求人情報誌を買ってくれたり、坊主頭の僕の仕事は、肉体労働がいいだろうと目星までつけてくれました。最初に就いた土木作業の現場には、巡回と称して見回りに来て、差し入れにジュースを投げ込んでいってくれたこともありました。

工事現場の仕事が終わるころには迎えに来て、駐在所で親子丼をごちそうしてくれたり、僕の休日に合わせて休んで、焼き鳥屋に連れていってくれたりしました。

僕は、堀越さんに思いきり「なつき」、ご厚意に甘えきりました。

じつはその焼き鳥屋で、ある人に出会ったことが、僕の運命を大きく変えることになるのですから、いくら感謝してもし足りません。

堀越さんのような人はなかなかいないでしょう。

それでも、つかまった警察のおまわりさんだって敬遠することはないのです。

仕事柄、ご縁のかなめになってくれる可能性は大なのですから。

とんでもない「引き出し」がご縁をつくる

謹慎処分で覚えた「教育勅語」で長老キラーに

東京の防衛庁、警察から、時ならぬ問い合わせが相次いで入った実家のある村、つまり僕が生まれ育った三重県の宮川村は、当時同学年の生徒数十二人という田舎でした。

日本一きれいだといわれる宮川の渓流沿いにある、かつては林業で栄えた村で、祖父も林業を手広くやっていました。しばらく奥に入るともう大台ヶ原という、高原というより険しい山。奈良県、和歌山県と境を接し、南紀の森林地帯もすぐ近くです。

僕たちが通っていたころの学校は木造で、教室の床には大きな節穴がいくつも開いていました。これは大変便利なもので、悪ガキどもはみんな、オシッコがしたくなるとオチンチンをこの節穴に差し込んで用を足してしまうので、トイレに行く必要がありません。

そんな学校で中学まで過ごした僕は、伊勢市の皇學館《こうがくかん》高校へ通うことになります。

僕には、育った環境のせいか、生まれつきの性格なのか、ちょっと興味をもつとなんでもやってみたくなるところがあります。よくいえば好奇心旺盛《おうせい》というのでしょう。たばこやお酒、バイクなど、ひととおりのことに手を出し、何度も謹慎処分を受けました。謹慎処分についてまわったのが「教育勅語」でした。

公立高校に合格できないとは夢にも思っていなかったので、行くことになった私立高校が伊勢神宮にまつわる学校だということを知らなかったのですが、入っていきなり『君が代』を正確に歌う練習がありましたし、「教育勅語」も暗記させられたのでした。

「教育勅語」といっても、若い人には「それ、なんですか、お経ですか」と聞かれますし、ご存じない方が多いでしょう。などというと、僕がずいぶん年寄りくさく聞こえますが、各界でも長老クラスの人しか知らない古いものです。

明治二十三年十月三十日に、天皇陛下が国民に出したおふれとでもいえるでしょうか。ここに書かれたような教育を受けて、賢い国民になりなさいというわけです。

「朕惟《ちんおも》フニ」で始まるこの「教育勅語」の全文を、僕は一言一句、覚えています。

というのも、さきほど申し上げたように、何度も受けた謹慎処分のおかげなのです。

警察につかまったり、女子の更衣室をのぞいたりして謹慎処分を受けたら、校則によりその期間、毎日毎日、教育勅語を書き写さなければならなかったのです。三年生のときは、三十五日の長期処分になりましたから、三十五回書いたことになります。これだけ書けばアホでも覚えます。

このとき、「教育勅語」を覚えたことが、社会に出て人づきあいの大変な武器になるとは夢にも思いませんでした。

十八、十九の若者が突然、「朕惟フニ我カ皇祖皇宗《こうそこうそう》国ヲ肇《はじ》ムルコト宏遠《こうえん》ニ」と言いはじめれば、戦前・戦中世代はみな感動します。

「おったんか、日本にこの大和魂を受け継いどる人間が！」というわけです。

伊勢出身だと言えば、「そうか。伊勢神宮のお膝元《ひざもと》か」とさらに熱くなって、話は東郷平八郎に飛びます。連合艦隊の話で盛り上がり、戦争世代と魂はバシッとつながるのです。

というわけで、学校の罰で覚えた「教育勅語」で、僕はすっかり長老キラーになってしまいました。

ちなみに、まじめな高校生活を送った同窓生たちは全然覚えていないといいます。ケガや謹慎も恐れず悪いことをしたおかげで得られた利益ですから、こういうのを本当の「ケガの功名」というのでしょうね。

東京でこの本の打ち合わせをしたその夜、連れていかれたスナックに、ひとりお年寄りがいました。話すともなく話しているうちに、このお年寄りが「我が皇祖皇宗国を肇むること……」とつぶやくように唱えはじめたのを、僕があとを受けて完璧に言ったものですから、さあ大変です。

大商社の役員を退職されたばかりというお年寄りは、離れた席からわざわざ僕のところに来て両手をつかむと、「今、世界で押されぎみの日本だが、こんな青年がいるかぎり大丈夫だ。がんばってくれ！」と妙なお墨付きをくれました。そして、「おれは毎月二度はこの店に来る。しかも金曜日と決まっている。絶対また会おうな」と固く手を握ってくれたのです。

出版社の人は、僕の長老キラーぶり、「教育勅語」の威力を目の当たりにして、おあつらえむきの実地検分ができたと大喜びでした。

それにつけても、「教育勅語」は、日本人の日本人たるゆえんを説いたもので、かつては、日本人の考え方の軸であり、背骨のようなものでした。戦後廃止されて、知らない人のほうが多くなってしまいましたが、

「父母ニ孝ニ兄弟《けいてい》ニ友《ゆう》ニ夫婦相和シ朋友相信シ恭倹《きようけん》（人に対してうやうやしく、自分の行いは慎み深いこと）己レヲ持シ博愛衆ニ及ホシ学ヲ修メ業ヲ習ヒ以テ智能ヲ啓発シ徳器《とくき》（徳・器量・才能）ヲ成就シ進テ公益ヲ広メ……」

と、ずいぶんいいことを言っていると思います。

金のために働くな！

僕のヴィジョンを決めた恩人の言葉

東京で最初にできた友だち、僕を職務質問してくれたおまわりさんが連れていってくれた焼き鳥屋の大将も、僕をとてもかわいがってくれました。お客さんが手をつけずに残した焼き鳥や唐あげを、貧しい僕のために取っておいてくれたのです。

そのとき僕はまだ十八歳。先のよく見えない生活をしていたある日、その焼き鳥

屋で隣に座った大男がいました。

熊本出身だというその人はそのとき二十六歳。お互いの故郷の話などをしていると、やおら「三重県からなんの目的があって出てきたのか？」と聞かれてしまいました。

「目的がないから出てきたんです。これから探さなあかんと思ってます」

僕がそう答えると、さらにその人はたたみかけてきました。

「目的がないといっても、金はほしいだろう？　きれいな彼女もほしいだろう？　若くして成功したいと思ってるだろう？」

欲が丸見えの僕の本音をズバリと当てられてしまったのですが、だからといって「ハイ、お金がほしいです」とは答えられません。そうではないと否定したいけれど、それに代わる答えが見つからないのです。困った僕が、冷えた焼き鳥をほおばっていると、その人は話しはじめました。

「金儲《もう》けなんてものは、人生の目的ではないぞ。金のために働く人生なんて、つまらないものだ。人生の目的というのは、これから長い長い人生を送って、臨終を迎えるとき、どんな人間になっていたいかだ」

聞いてみると、その人は超進学校を卒業して難関・早稲田大学に入学したのですが、三か月で「くだらん」とやめてしまい、家庭教師や学生アルバイトの派遣業を始め、やがて、取引先の社長に見込まれて、十九歳で会社を任されたというすごい人でした。

「おれは若いうちに事業で成功して、金もかなり儲けた。そうしたら、貧乏学生だったころの友だちは、おれのまわりから去っていった。理由は簡単だ。金を儲けたおれが、傲慢《ごうまん》になったからだろう。その後、親会社が倒産したあおりを食って、今は莫大な借金を抱えている。金があったころちやほやしていた連中は、みんなそっぽを向いて逃げていった。これはだれのせいでもない、知らないうちに、おれが金に支配されていたからだよ」

僕はいつのまにか、その人の話に引き込まれていました。

「人生の目的は金儲けじゃないとわかったのは、おれが実際に金持ちになったおかげだ。貧乏なままだったら、まだ金のために働いていたかもしれない。だから、金を儲けたことも借金を抱えたことも、ひとつも無駄はない」

僕はその人の顔を食い入るように見ました。人生について語ってくれる大人に、生まれてはじめて出会ったのです。

「なあ、これからおれは、人の役に立つ人間になりたいんだ。人に喜ばれて満足できる人間になりたいんだ。おまえも、そういう人間になりたくないか?」

「なりたいです!」と答えながら僕は、血が熱くなるのを感じました。

「今、おれは若いやつらと果物や野菜の行商をしている。これから、でっかい夢を叶《かな》えていくためだ。一年後、二年後に向かってきつい生活を送っている」

語りつづける彼の名は、田端俊久。身長百八十センチ、体重百七キロ、空手・柔道をこなす武道家で、見た目も志も大きな人です。

それなら自分も仲間に入れてほしいと、僕は頼み込みました。この人についていきたい、この人の役に立ちたいと思ったのです。

しかし、それが僕のわけのわからない人生の始まりになるとは、夢にも思っていませんでした。

歌って踊れる行商軍団

できなくてあたりまえ、それをできるようにするのが人生修業

一発で惚《ほ》れ込んでついていった先に待っていたのは、紅白に塗り分けた軽トラ三台と、四人の若い男たちでした。みんな顔は真っ黒でやせぎす、目だけがギラギラ（きらきらではなく）輝いていました。

今日はそのまま寝ろと言われたのですが、眠るどころではありません。興奮もありましたが、これからどうなるんだろうという不安もあったからです。

起床時間は、午前二時半。これは毎朝のことで、三台の軽トラックに二人ずつ乗り込み、六人で市場に野菜を仕入れに行きます。荷物を積んで帰ってくると、行商に出かけます。

道中がまたすさまじい。渋滞の中を、スピーカーで「緊急車両通過、緊急車両通過」とわめきながら、前の車をどかしてバンバン走っていくのです。

僕が行商にはじめて行ったときの出来事です。

「中村、お客様が来るから、運転席の屋根に上がって踊れ！　歌って踊ってお出迎

えだ！」

目的地に着くなり田端社長にそう言われ、音楽をガンガン鳴らされたときは、ギョッとしました。僕はもちろん、恥ずかしくてモジモジしてしまいました。

「そんなことしたことありません」

「今からやればいい」

「できません」

すると社長に、一喝されました。

「どんな組織に入ったって、初日に上役の言うことを聞かずに、なんで仕事ができるんだ。難しい数学を解けって言ってるんじゃない。音楽に合わせて腰を振れ、と言っているだけだ。踊るくらい小学生でもできる。踊れないなら、ケツでも出しとけ！」

もう、むちゃくちゃです。

しかし、そういう僕たちのやりとりを見ていた奥さん方は、何か必死なものを感じてくれたのでしょうか。

「まあまあ、そんなに新入りさんをいじめなくてもいいじゃない。スーパーで肉や魚は買っても、野菜や果物はあなたたちから買うからね……」

そう、お客様のほうから約束までしてくれたのです。この売り手と買い手の「絆《きずな》」をつくることは田端社長の哲学でしたが、それだけではありませんでした。

「中村、いきなり歌って踊っては、度肝を抜かれただろう」

そう声をかけてくれたのは、行商軍団の先輩、野満明児《のみついじ》さんでした。

「ひょうきんもののおまえでも腰が引けるくらいだから、おれにとってはもっと、きつかった。おれが社長に弟子入りしたときは、人の前でしゃべろうとすると『ア、ア、ア、あっ、あの』となってしまうし、顔も真っ赤になってどうしようもなかったんだ。そのおれに、田端社長は何をしたと思う？　いきなりカラオケに連れていって、七時間ぶっ通しでド演歌から郷ひろみまで、歌を歌わせたんだ」

社長は吃音症《きつおんしょう》の野満さんに、徹底してカラオケと挨拶の特訓をしたそうです。

「人前で話すのが怖い、歌うのが怖いと避けていたら、性格全体が後ろ向きになってしまう。できないことがあったら、まずひとつずつできるようになれ。自分にとっていちばんいやなことが克服できれば、あとは楽になるぞ」

社長はそう言って、野満さんをしごいたといいます。社長は、歌と踊りでお客様を引きつけることはもちろん、行商軍団一人ひとりの成長も考えていたのです。

野満さんはやがて田端社長の元を巣立ち、一級建築士の資格を取得したあと、トップセールスマンに転身、今では社員教育の専門家として講演活動に飛び回っています。

もちろん、そのころの僕たちはそんなことも知らず、ただ夢中で毎日を送っていました。

虎の穴で荒行生活！

並の人間と同じことをしていたら、並の人間にしかなれない

田端社長と行商軍団が生活していたのは、築二十七年の四畳半でした。窓はゆがんでひし形、床にみかんを置けば、床が傾いているので自然と一か所に集まってしまいます。

毎日、へとへとになって行商から帰ってくると、夜中まで「いかに生きるか」についての勉強会です。

そうなると、疲れた体を休ませるほうが先になりますから、風呂に行くのは週に一回。あまりに体が汚れると、何回洗っても泡が立たないと、はじめて知りました。生活はとことん切り詰めていましたから、風呂屋の帰り、よそのお宅の柿を盗んで食べたりもしました。

「柿ぐらい、買って食べられるようになりたいね」と、自分たちが果物を売っているのも忘れて真顔で言っていたのは、のちに日経新聞の記者をへてテレビ局のアナウンサーになった宮原さんでした。

世間はバブルで男も女も浮かれていましたが、僕らはまったく外の世界から切り離された、いわば虎《とら》の穴で暮らしていたのです。

ある日、田端社長が、「中村、おまえたちはだいたい、十五時間労働だな」と言いました。「十五時間働いているにしては、もらう金が少ないと思うか？」

僕たちはいわゆる「給料」というものを、きっちりもらっているわけではありませんでした。どう答えたものかとまどっていると、社長はさらに問いかけました。

「じゃあ、十八歳のおまえが、十五万か二十万、世間のやつと同じくらいもらったとする。どう使う？」

「そうですね、着替えもろくにないから、服でも買おうかと思います。それから、上京して一度も原宿に行ったことがないので、見てみたいような気もします。あ、いや、将来のために、金を貯めようとも思います」

おそるおそる答えると、一喝されました。

「世間のやつと同じに金をもらって、同じように金を使ったり貯めたりしていたら、大きな夢が叶うと思うか？ いいか、中村。並の人間と同じことをしていたら、並の人間にしかなれないぞ。十五万、二十万を貯めて事業をおこそうと思ったら、いったい何年かかるんだ？ おれが今、苦労しているのは、でっかくなるためだ。だけどな、中村、おれは自分だけでっかくなるなんて、小さいことは目指していない。おまえたちにも同じくらいでっかくなってもらえないと、自分がでっかくなったことにはならないんだ」

アイスクリームひとつ買うのもためらうような暮らしでしたが、「十五万円をもらえる今」と「大きなお金を動かす明日」を比べれば、どちらを取るかの答えは決まっていました。

「事業をやる人間は、二十五歳までに独立しなくてはいけない。いいか、おれたちは六本木に店を開くぞ。それが、おれの事業の足がかりにも、おまえたちの独立の足がかりにもなるはずだ。これからもっと、締めてかかるぞ」

売れ残った野菜ばかり食べ、仕入れのお金に困ることもあり、たまのごちそうは社長のおごりの牛丼というのが現状です。六本木に店を出すなどという目標は、人から見れば「とてもムリ！」だったにちがいありません。

でも、僕たちは「きっとできる」と、ひとり残らず確信していました。

トライアングル・サンキューが成功の秘訣

二股ニンジンでつながる生産者・お客さんとの輪

何月何日と日にちまで設定し、六本木に店を出すと決めてしまったからには、資金づくりにまい進しなければなりません。しかし、融資を受ける資格のある人間はひとりもいないありさまです。

売り上げをひとつの箱の中に入れ、そこから仕入れと最小限のお金を取り、僕らはなるべく量の多い、腹持ちのいいものを買って、その日その日を食いつないでいました。

小学生がなんのためらいもなく百円玉を自動販売機に入れてジュースを買う姿を見て、心からうらやましいと思ったものです。

僕たちは甘いジュースが飲みたくても、のどの渇きはもっぱら、あちこちの親切な農家の人から水をもらってしのいでいました。

あまりにもひんぱんに水をもらいに行っていたので、その親切な農家のおばさんたちが、「なんで?」と聞いてくるのも当然です。僕たちは、自分たちの夢のために、徹底してお金を貯めているんですと話しました。

そんな話をするうちに、「今どきこんな子たちはめずらしい」と感心してくれて、応援してくれるようになったのです。夕ごはんの残り物をごちそうしてくれたり、だんだん仲良くなっていきました。

ある日、「農協には形がいびつで出せないから」と、ジャガイモを一箱くれたことがありました。「形は悪いけど、今朝掘ったものだし、スーパーに並べる商品価値はなくても、安ければ喜んで買う人もいるだろう」と言うのです。

驚いたことに、その土のついたままのジャガイモを行商にもっていくと、形の悪いことなどいっこうに問題にならず、真っ先に売り切れてしまいました。

そのほか、二股に分かれてしまったニンジンとか、曲がったキュウリなど、市場に出荷できない野菜を、農家から安く譲ってもらうようになりました。

見てくれは悪くても、味はきれいなものに負けませんし、むしろスーパーで買う野菜よりも、新鮮で安心です。また、お客様に、その親切な農家のおばさんたちの話をすると、ますます喜んで買ってくれました。

僕はそのときしみじみ、「人は人から物を買いたいんだな」と思ったものです。

そして、いびつな野菜が売れたことにヒントを得て、今でいう産直方式のような商売を始めたのです。農家の人たちは、僕たちがそういういびつな野菜を含めて仕入れるので、今まで捨てていた野菜を無駄にせずにすみます。行商先のお客様は、安い野菜を買えるし、生産者の顔が見えるので、安心だと喜びます。

僕たちはより安く品物を仕入れることができるし、おまけに生産者とお客様、双方の笑顔を見ることができるようになりました。

三者がそれぞれ、ひとつの中心に向かって、「ありがとう」と感謝する、「三方ありがとう」。

「トライアングル・サンキュー」の精神を、この時代に僕たちは身につけました。

田端社長が口ぐせのように言っていた、「一か所に儲けが固まったり、ひとりが損をする事業は成り立たないぞ。あの、なんともむごく見える鵜飼《うか》いでさえ、鵜から大きな魚は取り上げても、小さな魚はそのまま食べさせてやっているんだ。いつも、みんなが喜ぶ落としどころを考えろ」というのは、これだったのだと、身をもって知ったのです。

頼まれごとはチャンスと思え！

相手の期待の半分の時間ですませる心がけをもつ

苦しい生活に耐える支えは情熱だけでしたから、正直な話、何度か逃げ出したこともありました。

でも、僕は結局、虎の穴に舞い戻りました。いくら厳しくても、叱り飛ばされても、田端社長のでっかい夢と、大きな愛情に嘘はないと信じられたのです。

僕らががむしゃらにがんばる一方で、田端社長はメインの仕入れ先をより大きい中央卸売市場に変え、扱う品も野菜や果物だけだったのを加工食品にまで広げ、行商ばかりでなく大企業の社員食堂にも納品するなど、さまざまな工夫をこらしていました。

農家のおばさんをはじめ、いろいろな人が応援してくれました。おかげで予定どおり、七坪の、しかも前のオーナーが自殺をされたという因縁《いんねん》つきの、小さな小さな店を手に入れることができました。

今から三か月後にはバーを開店するぞという社長の厳命でしたが、「中村、おまえは人好きがするから、カウンターに入れ」と言われたのです。これぱかりは「はい」と承知するわけにはいきません。山奥に育って行商をしていた僕ですから、これまでカクテルを飲んだことすらありません。だれが考えたってムリです。

しかし、社長の前で「できません」はご法度《はっと》です。「やってもいないうちから、何がムリか!」の一喝に決まっています。このときも筋書きどおりでした。

「やってムリだったらやりなおせばいい。やれる人間に聞きに行けばいい。おれたちにできることはそれだけなんだ。何かをする前にムリだと言っていたら、一勝もできんぞ」

言われてみれば、たしかにそのとおりです。

そこでまずは、日本でも三本指に入る一流ホテルにアルバイトに行くことになったのですが、ホテルがアルバイト風情に、バーテンダーの修業をさせてくれるはずもありません。洗い物ばかりの毎日で、ひとつも勉強にならないのです。

当惑していたある日のこと。キャベツが足りなくなって、料理長が「だれか手が空いているやつ、買ってこい！」と、二千円を放ったのです。チャンス到来でした。とっさにそれを拾った僕は、駆け出しました。

走って走って、大汗をかきながら、あっというまに戻ってきたので、料理長はびっくりしました。

これは田端社長から受けた日ごろの訓練の賜物《たまもの》でした。というのも、「常に人を喜ばせることを考えろ」と言われていたからです。

社長は口で言うだけではありませんでした。

たとえば行商時代、社長の友人が遊びに来たことがありました。ジュースを買ってくるようにと言われて、一瞬でも社長の目から離れることのできた僕は、ちょっと気を抜いて、のんびりと、なるべくゆっくりと歩いていました。

ところが自動販売機の前でウーロン茶かコーラかと選んで振り返って、ギョッとしました。なんと、そこには社長が仁王立ちしていたのです。

「なんで走らなかった。のどが渇いているから、買ってきてくれと言っただろうが。走って息を切らして買ってきたおまえを見たら、どう思う？　そんなに急いでくれて、ありがとうと思うだろう。それがおまえにできる、付加価値なんだぞ」

万事こんなふうに行動を伴った鍛練《たんれん》ですから、しっかり身についていたわけです。キャベツ買いを言いつけられたときにも、料理長が予想している時間の半分で買ってこようと思い、それが実行できたのです。

相手がびっくりして感動しているその顔を見る楽しみも、そのとき学んだのだと思います。

人になついて、味方を増やせ

一流料理長からヤクザまでファンにする秘密

ホテルでの修業中、キャベツを買いに走った一件で、料理長は僕のことを覚えてくれました。

大勢のアルバイトの中で、僕はちょっと別格になったのです。聞かれるままに故郷の話をしたら、「それでおまえは走るのが速いんだな」と言って笑い、サルとあだ名をつけて、ちょくちょく飲みに連れていってくれるようになりました。

田端社長のおかげで、人の心を読もうとする習慣ができていたせいでしょうか、僕の人なつこさは磨きがかかっていました。料理長に連れていってもらった居酒屋で、たずねられるまま上京してからのことをお話ししてしまいました。

高校を出てすぐ村を出たこと、することが見つからずにいたが、社長のもとで夢のために行商を始めたこと。いろいろな辛抱をして、ようやく店を出せることになったが、田舎育ちの自分が六本木のカウンター・バーでシェイカーを振れるのか、今はとても不安なのだとありのままに打ち明けたのです。

料理長はアルバイトに来た事情を知ると、即座にホテルのメイン・バーのカウンターに入れるようにはからってくれました。

「死に物狂いで勉強しろ」と言われましたが、言われるまでもなく必死で勉強しました。しかし、どんなに一生懸命やっても限りはあります。

否応なく迎えた開店日、僕の腕はまだ半人前以下というありさまでした。

店の前にはいくつかの花輪が並びました。「できない、でもやらねばならない」と覚悟を決めたとき、お客さんらしき人影が入ってきました。

料理長でした。結婚式の引き出物を入れる、大きな紙袋を提げてきてくれたのです。開店祝いだといただいた袋の中には、密封容器に入れた心づくしの料理が、いくつも詰められていました。

「これはメインにできるから、こっちの緑のソースをかけろ」「これは一週間日持ちのするものだから、当分はしのげるぞ」という、ていねいに指示してくれる声を聞きながら、僕は本当にうれしくて、涙が出ました。

「おまえには、若さとやる気と体力しかない。でも、素直な心と謙虚な姿勢ほど強力なものはないぞ」という田端社長の言葉が実証されたのです。

このときつくづく思いました。

「人を動かすのは情熱なんだな。知識も能力も資格も方法論も関係ないのだ」と。

しかし、開店に駆けつけてくれたのは、こんなありがたいお客様だけではありません。

前の持ち主が自殺して、長く空き店舗になっていた僕らの店に、ヤクザも目をつけていたのです。

いかにもその筋とわかる柄の悪い連中が大声で入ってきたとき、僕は恥ずかしいくらいビビリました。

そのとき、平然と声をかけたのが田端社長です。

「どうぞおかけください」と言って、自分は大きな椅子に座り、ヤクザには小さな椅子を勧めました。ただでさえ大男の社長が胸を張ると、威圧感がありました。

「おたずねしますが、あなた方は日本の任侠道《にんきょう》を重んじる方でしょうか、それともただのマフィアでしょうか」

小さな椅子に押し込められたヤクザはもちろん、任侠道を重んじると答えました。

すると社長はまず、ヤクザをほめました。

「日本の警察なんてものは、民事不介入といって、いざ事件が起きないかぎり、腰を上げようとしない。事件が起きてからじゃ遅いのに、まったく役に立たない。それを解決してきたのが、あなた方、任侠の方だ。私は度胸がなくて商売をしていますが、今でも本物の任侠の方がいたら、弟子入りしたい気持ちをもっています」

社長は次に日本憂国論を始め、だんだんに家庭環境が複雑な、苦労している人たちの話をしました。これがなんとも泣かせるのです。いつのまにかヤクザは、自分が小さかったころ、貧乏していたお母さんの思い出話を披露する始末です。

「で、私どもの店のことは、任侠の方においでいただくまでもない、素人の小さな世界です。お手をわずらわすような大きな話じゃありません」

最終的に、ヤクザは何もせずに、帰っていきました。

「今日は帰ってくれましたが、今後ちょっとしたみかじめ料を払ったほうが……」

心配してそんなことを言った先輩もいましたが、社長は一蹴《いっしゅう》しました。

「バカを言え。一回でも金を払ったら、ヤクザなんてものは、毎日でも金をねだりに来るぞ。親御さんから預かった大事な従業員にケガをさせるかもしれないし、お客様に迷惑がかかる。おれはだれだ？　社長だ。社長は、おまえらの父親だ。父親は家族を守るものと、昔から決まっているだろう。普段いばっていて、肝心なときに引っ込んで、子どもに応対させたりする親がいるか！　おれに任せておけ」

今、従業員を抱える身になった僕に、このときの社長の姿はより大きく思えるのです。

二十七回野宿しても、一泊二十八万円のホテルに一回泊まる

「モノ」ではなく心や舌や耳に投資しろ

六本木に小さい店を出してから、およそ三年で、西麻布・六本木界隈《かいわい》に五店舗つくりました。今、思えばバブルの終わりごろだったのでしょうが、飛ぶ鳥を落とす勢いといわれて、大繁盛しました。

給料ももちろん、もらえるようになりました。後半はびっくりするほどの額でしたが、田端社長は今度はそれを貯金するなと言うのです。

「その若さで貯金をしても、たくさん貯められるものではない。二十万や三十万の金にしばられていてはいかん」と独特の持論を広げ、しかも、モノは買うなと言うのです。

「だれのためにおしゃれをするんだ。だれにおしゃれだって言ってもらいたいんだ。若いおまえがおしゃれをしても、たかが知れているから、今のままでおれ！」

では、お金を時計や服、車に使わずに何に使えばいいのか？　社長は「五感に使え」と言いました。目や舌や耳に金を使って、感性を磨けというわけです。

頭がやわらかい若いうちは、なんでも吸収することができます。ですから、二度と戻らないこのときにオペラにもロックにも触れろ、たとえ興味がなくても北島三郎を聴いて感動できる心を養え、どんなジャンルにも自分を合わせられるようにしろ、と言われました。

要するに、消えてなくなるものに全部使えということだったのですが、本当は、もっとも消えないものだったのだなと、今、僕は気づいています。

ものを食べるなら一流の店へ、泊まるなら一流のホテルへと言われて、僕たちは実行しました。銀座のクラブで三十六万円使いました。一泊二十八万八千円のホテルにも泊まりました。やはり、泊まった人間でないとわからないことがありました。

たとえば、白髪頭の総支配人が案内してくれたバルコニーに、テーブルと椅子がセットされるとき、テーブル持ち係、椅子持ち係、クロスを持つ人、最高級シャンパンのドンペリニオンを持つ人、ワインクーラー持ちと、係が十人も来ました。

総支配人はつきっきりで夜景の説明をしてくれて、「ドンペリニオンの、おつまみにお召しあがりください」と、銀のお皿に山盛りの苺を出してくれました。

しかも、一日中ロールスロイスがつきます。二十八万八千円の意味がよくわかりました。

一泊一万円のホテルに二十八回泊まっても、記憶には何も残りません。僕は、二十七回、公園のベンチで寝ても、一回の宿泊に投資したほうがいい勉強になると知ったのです。

垂れ流す覚悟がなければ、助けを乞うな！

恥も外聞も捨てて気持ちを伝える努力をする

出会って三年たったころ、田端社長はしきりに僕に、同窓会へ行くように勧めました。これまで仕事以外の「外の世界」との接触を極力、断っていたのにです。

久しぶりに同級生たちと顔を合わせたとき、僕は自分が変わっていることに気がつきました。遊びに夢中だったり、大学生をやっている友だちが、なんとも子どもに見えたのです。

そこにも社長の意図があったようです。いつも同世代の人間に会っていると、自分の変化がわからないからと、これまで僕らを虎の穴に閉じ込めていたのでした。

「はじめておまえに会ったとき、十八歳の中村文昭はどう言った？　どういうふうにすれば楽して金が儲かるかという話をしていたんじゃないか？　あれからまだ、たった三年しかたっていないが、今の自分を振り返って、何を培《つちか》ってきたと思う？」

「仕事はなんでもよかったんですね。やろうという気持ちや目の前の人を喜ばそうという基本的な思いがあれば、なんだっていいんだなと思います。お金はただ利用するだけの道具だなって思いました。少々しゃべれるとか、人を笑わすとかいっても、僕はなんの資格もありません。でも走れる足はありますよね」

こんな会話をしていて、田端社長はおそらく、自分の元から離れさせるときが来たと思ったのではないでしょうか。僕も、この三年間を振り返って、完全に違う人間になっていることを感じて、何回も波が打ち寄せるように、鳥肌が立ってきました。

三重で一番になれと社長に励まされ、僕は帰って店を開こうと思いました。しかし、社長の命令に従ってお金は全部使ってしまっていましたから、今度もまた資金がありません。物件だけは、六本木の店と同じような因縁つきながら、すぐに見つかりました。つまり、前の持ち主のふとん屋が、首つり自殺した店です。社長の言に従えば、「お金がないからできない」は理由になりません。

僕はとりあえず銀行へ、それも背広はもっていなかったので、普段着で行ってみました。

「商売をしたいのですが、お金の借り方を教えてください」

そんなことを言ってくる二十一歳の若者に、銀行がお金を貸すはずがありません。支店長は、ぽかんと口を開けて、宇宙人を見るような表情で僕を見ていました。

親かだれか信用できる人と一緒に来なさいと言われて、三年会っていない両親の顔が浮かびました。敷居は高くなっていますが、ほかに頼む当てはありませんでした。

お金を借りるんじゃない、保証人になってもらうだけだからなんとかなるかと、家に帰りました。

当たって砕けろと、家には入らず、土間に座り込みました。聞く耳をもたない父と母の前で、聞いてくれるまでは動かないと宣言して座り込んだのです。

昼間から次の朝まで。もちろん飲まず食わずですが、いちばん困ったことはアレです。

動かないと言ったからには動けません。仕方がないので、その場で用を足してしまったんです！

さすがの両親も、話だけは聞こうということになって、僕はこの三年間の経験をすべて報告しました。そうしたら、「いい経験したんやな」と言ってくれて、失敗しても尻拭いはしないという約束で、保証人になってくれました。

社長に教わった哲学を生かして開店した伊勢の一号店、ショットバー「クロフネ」は、おかげさまで大繁盛しました。

兄弟をやめれば、男と男になる
見上げてきた相手と対等に向き合えるかが、成長のバロメーター

僕には三つ違いの兄がいます。野山を駆け回っていた僕とは性格が違って、子どものころから、じっくり模型をつくったり、静かに『子どもの科学』を読んだりする人でした。兄がプラモデルの飛行機をつくってぶら下げていたら、僕は「空気銃

で撃ったろか」というふうでした。

勉強もよくできて、高校は松阪の進学校へ行きました。そのころから、いつも僕を泣かせていた兄は急に優しくなりました。僕はこの兄を尊敬していました。すごいな、と思うことがたくさんあったからです。

たとえば、兄が高校三年になったときのことでした。国立の三重大学に楽勝で行けるでしょうと、先生からお墨付きをもらって、両親は大喜びでした。ところが、兄は東京に出てカメラマンになりたいと言い出したのです。大学へ行って教師になって戻ってくるものと思い込んでいた親は、当然反対します。

しかし、兄の決意は固くて、すでに東京へ行く準備をアルバイトで貯めたお金ですませてしまっていました。すさまじいやりとりのあと、兄は、極めつきのセリフを言いました。

「どんな人生があるかわからないけれど、父さんみたいな人生は送りたくないんや」

今思えば、父もかわいそうでした。祖父に逆らえず、したいことを我慢して、もうすたれかけていた家業を継いだのですから。

しかし、このセリフは、父の心を動かしました。自分の親が自分にしたことを、今度は息子にしようとしていることに気づいたのです。母は「お父さんになんてことを」と叱りましたが、一瞬絶句した父は「好きにせい」と兄の上京を許しました。

でも、兄も父を軽蔑してそんなことを言ったわけではありません。父には、そういう生き方をしてきたからこそ身につけたよさがあるからです。父は無欲な人で、朝早く起きると、散歩に出てゴミを拾ったり、落葉を掃いたりしています。だれかに見られると恥ずかしいから早く出かけるのでしょう。そんな父を、僕たちは尊敬しています。

兄は意気ようようと上京し、ある有名カメラマンの助手になりました。驚くほどの極貧生活でしたが、十八歳の僕はそこへ頼っていったわけです。

僕が一日の休みもなく六本木で働いていたころ、兄はアシスタント生活とは違うやり方で自分の脳ミソを磨きたいと言って、竹富島にいました。沖縄の小さな島で、旅館の手伝いやら運転手やらをして、一年も暮らしていたのです。

そんな兄から、六本木に手紙が来ました。巻き物のような和紙の手紙に、びっくりするほど大きな文字で、こう書いてありました。

「弟よ、最高やぞ竹富島は。世界中の銘柄を並べて、六本木の景色の中で飲むビールも、さぞおいしかろう。でも、竹富島の夕陽を見ながら、星の砂に寝転がって飲むオリオンビールも最高なんや。どうや、全然違う角度にある、そのビールを飲みに来てみないか」

もちろん、修業中の身の僕が行けるはずもありませんでしたが、兄がとてもカッコよく思えて、いつも見上げていました。

ですから、はじめて対等になれたかなと感じたときは、本当にうれしかったものです。それは僕が、すでに三重に帰って店を始めていたころのことでした。

たまたま上京したとき、一緒に銭湯に行って、近くの寿司屋に寄りました。そのカウンターで兄が言ったのです。

「おまえはおまえでやっぱりすごい体験をしたんやから、これからもいろいろあるだろうけれど、これからは兄貴と弟ではなくて、男と男としてつきあおうや」

そのとき、僕は二十二歳、兄は二十五歳。

お酒と兄の言葉に酔わされたこの夜のことは、おそらく生涯忘れないでしょう。

「あとには引けない」から達成できる

支払いは五年後で、憧れの一流建築家に設計してもらう

三重に帰って開店したバーの経営は順調で、八百五十万円の借金を七か月で返すことができました。そうなると、僕には新たな夢が生まれました。結婚式ができるレストランの経営です。

世話好きの性分もあり、バーでも友人とのつきあいでも、恋のキューピッド役みたいなことをずいぶんやりましたから、おかげでたくさんの結婚式に呼ばれました。

何回か呼ばれているうちに、こんな型どおりの心のこもっていない結婚式ではなくて、僕がカップルにアドバイスし、プロデュースして、彼らの個性が鮮明に出た結婚式を、僕が司会をしながらやっていきたい。しかもそれをホテルではなくて、レストランでやりたいと考えるようになりました。まだレストラン・ウエディングという言葉がなかった、十年ほど前のことです。

とりあえず、店の中の道具を買うことにしました。買ってしまえば置き場所に困るので、店舗も早くできるだろうと、自分にプレッシャーをかけたのです。

目標を決めたら、僕の行動は迅速《じんそく》です。

田端社長がコレクションしていたアンティーク・オルゴールや家具、時計など数々の調度品を譲っていただきました。また、ちょうど、イギリスの教会が壊されるという話を聞いて、貯まっていたお金と借金をかき集めてイギリスへ飛びました。二十三歳のときです。つぶされてしまうことになっている教会の中の、照明器具から床板にいたるまでコンテナでもって帰るからと言って、三千万円分、ドンと買ってきたのです。

お金は前回、借金を短期で完済した実績で、ポンと銀行が貸してくれました。

そして次の段階です。東京の設計家の先生で、（株）スタジオ・ギアの武田佳典さんという方がいらっしゃるのですが、この方のセンスやデザインが、僕は以前からとても好きでした。

「すみません。こんなアンティークの家具があります。これを生かして、こういうレストランをつくりたいんです。中に置く調度品はもう買ってあります。開店は三年後になるのか四年後になるのか、はっきりわかりませんし、先生にお金を払うのは店が建ったあとなんですけども、図面だけ先に書いてもらえませんか」

なんとも虫のいい話ですが、土下座をしながら頼み込みました。情熱作戦です。

そうしたらなんと武田さん、「よし、金は中村君が目標にしてる五年後でいいだろう」と、快諾してくださいました。

「きみだったら絶対やるだろう。やれるよな」と信じてくれました。

僕の行動も早いほうだと思うのですが、武田さんも負けてはいません。

「よーし、だったらきみが買ってきた、アンティークの家具を見せてくれ」と僕の実家に二晩も泊まって、八畳間二部屋に無理やり押し込んでいた家具類を出しては、寸法を測って写真を撮ってをくり返し、とうとう設計図面とイメージ画をつくってくれました。

それを伊勢市内に借りていた家賃一万八千円の長屋の壁に貼って毎日眺めながら、目標達成の意欲を高めていたわけです。

三千万円も使ってしまったし、武田さんには待っていただいているし、もう逃げ場はありません。店がつくれなかったら、宝の持ち腐れになってしまいます。

そうこうするうちに、「できなかったら宝の持ち腐れ」がもうひとつできてしまいました。図面の中に、一枚板のカウンターが描いてあったのです。「高いんやろな」と思いつつ材木屋へ行って聞いたら、四百万円か五百万円すると言われました。

さすがに迷いました。でもすぐに思いました。

「仕上がっている木材が高いなら、まだ山に生えている木はどうや？　三年も四年も先なら、今、木を切って乾かしてもまにあうがな。それなら田舎で山仕事をしているおっちゃんがいるやないか」

というわけで、野山を駆けめぐっていた悪ガキ時代からのつきあいのおっちゃんたちに、ホルモン焼きをつつきながら相談です。「どこぞに、ええ木あらへんか」と聞いたのです。

それなら、栃《とち》か楢《なら》がいいという話を聞いて、その木が植わっている山へ見に行きました。

ありました、ありました。樹齢およそ四百年の木が。

「ウワッ、すげえ」としか言えませんでしたが、山の持ち主さんも僕の話をおもしろがってくれました。伐採・搬出なども自分で全部するという約束でしたが、その木の値段は、五十万円とびっくりするぐらいの安さでした。

チェーンソーでの伐採は、この木のことを教えてくれた、おっちゃんがやってくれました。枝も落として、皮を全部めくって山に転がしておき、二年たってそろそろ乾いたころ、おっちゃんたちはまた助けてくれたのです。

三千万円の借金で買ったアンティーク家具と、設計図、それにこの長さ六メートル五十センチ・幅八十八センチ・厚さ十二センチのみごとなカウンター板。

僕の目的達成のためのプレッシャーと情熱は、否が応でも高まるばかりでした。

断られても、怒られても頼むのはタダ

長者番付の上から順にお金を借りに行く

二十三歳の若気のいたりか、早トチリ的にみごとな設計図と、みごとなアンティーク家具と、みごとな一枚板カウンターは用意したものの、これまたみごとにどうにもならないのが資金調達でした。

総予算はどう計算しても二億円かかります。これは、当然ながらそう簡単に工面できる金額ではありません。ものを考えることや、企画を立てることや、人を集めることや、料理で人に喜んでもらうことなら、僕にもできます。ただ、それをする

ためのお金がないわけです。

しかし、「お金がないから」と、あきらめたのでは男がすたります。

「でも、ないもんはないわな。だけど、どうにかならんかな」と考えていたある日、新聞に掲載されている高額納税者の〝長者番付〟が目につきました。

「こんなに税金払う人がおるねんな。こんなに払うんやったら、ちょっと、こちらにまわしてくれんかな」と思いながら見ていたのですが、そのときにふと、「なかには、お金を貸してくれる変わり者がおるかもしれん」と思いました。

失礼のないアポの取り方をすれば、会ってくれるだろうと思いました。しかし、会ってはくれたものの、みごとに断られました。

これであきらめるわけにはいきません。ここがだめなら次はどうかと、順番にあたっていったのです。一人、二人、三人目はムリだろう、五人、六人、七人目もムリだろうと思いました。

でも、もしかしたら、七十六人目がうなずいてくれるかもしれません。百八十三人目の人が承知してくれるかもしれません。

あきらめさえしなければ可能性がゼロになることはあるまい、人間は世の中にうなるほどいるんだからと、思えば無謀なことを考えたものです。

伊勢でだめなら、松阪がある、それがだめなら隣には津がある、名古屋まで行ったろか、静岡、東京と東へ東へ上がっていって、仙台あたりで見つけたら一代記が書けるなと思ったら、なんだか希望が湧いてきました。

たどりつくまで絶対やめへんぞと思っていたのですが、案外近くでめぐりあったのが、製材業で財を成した七十四歳の小濱《こはま》さんという方でした。

もちろん、この若造が二億の大金を借りようというのですから、一回でOKがもらえるはずはありません。根性と気合で、しつこく日参しました。お金を借りる話をしに行くだけでは、警察に連絡されたり、不法侵入扱いされたり、塩をまかれたりしますので、何かお役に立つことをしようといろいろやりました。

庭の草取り、ガラス拭き、車の掃除。なんとか気づいてもらいたいと、あれこれやりました。ようやく声をかけてもらったのは、庭の池の落葉をすくっていたときでした。僕がやっていたことは全部お見通しだったようで、開口一番「おまえ、死ぬまでついてくる気やろ」と言われました。

「もう目星をつけたら、どこまでも行きますよ。次の可能性はなかなか薄いですやん。頼んで頼んで断られて、ここまで来るのも大変でしたし……」

そんな僕の話を小濱さんは「そうか、そうか」と聞いてくれました。そしてこう言ってくれたのです。

「おれがこうやって製材の仕事をして、これだけの財産を成しえたのも、やっぱりおまえぐらいの年のときに力を貸してくれた先輩がいたからや。人生のうちで、そういう人間に出会えて逆の立場になれたら満足やと思ってた」

小濱さんは、神棚に置かれていた九百坪の土地の権利書を持って、銀行へ同行してくださいました。支店長は丁重にお出迎えです。

「この子が二億少々の金がいるらしいから、出してやってくれ。保証人はおれや。何かあったらおれが全部の責任を取らせてもらうから、事業計画はいらんやろ。ややこしいことを聞くな。もう決めたんだから」

支店長に一切の反論をさせなかったその姿は、本当にカッコいいものでした。できるものなら、いつか僕も後輩のためにあれをやってみたいと思っています。

そういうわけで、二十五歳でこの恩人に出会って、二十六歳のときに、念願のウエディングができるレストランを開くことができました。本を読んで結婚式の常識を学ぼうと思ったのですが、それではユニークな式にはならないと思って、僕流にやっています。

僕の情熱が伝わるのか、口コミで広がって、おかげさまで年間八十五組ぐらいの結婚式をやらせていただいています。

「頼むだけならタダ」と自分に言い聞かせて夢を語りつづけたわけですが、わかってくれる人は必ずいるものです。「念ずれば道は通じる」ものなんですね。

「おまえと出会えたおかげで、おれは百歳まで生きる」
保証人をワクワクさせる頼り方

ここにいたるまでを思い返してみると、願いを聞いてくれたからという以上に、小濱さんのことがいつも念頭を去りません。

二億円の資金を調達するために、長者番付に載っている方々をかたっぱしから訪ねていたとき、たいていは一回か二回ぐらいは話を聞いてくれて、「その志は偉い」と言ってくれました。でも、担保を入れてくれようという人はいませんでした。

あきらめきれないまま、訪ね歩いているうちに、小濱さんにめぐりあって、自分の担保の必要もなく借りることができたときは、大げさでなく夢を見ているようでした。

お孫さんとサッカーをしたり、夜中に通って庭仕事やら車磨きをした一か月が、担保になったということなのかもしれません。

すべての手続きが終わったとき、小濱さんが言ってくれた言葉以上にすごく、またこの言葉以上にうれしい言葉を、僕は聞いたことがありません。

「息子や娘に相続させる土地やけど、そんなことは全部どうでもええんや。全部おまえにくれたるつもりや。前は『来年はどう、再来年はどう』と思っていたもんやが、七十四歳にもなると、自分の人生の末路を思って寂しさを感じるようになる。だんだん『再来年』とか『来年』じゃなくて『明日がどう』になってくるもんや。

そしたら、おまえみたいな男に出会った。おれはまた生きる。これから生きていくという楽しみができた。ここにパッとひとつ、あかりがともった。おまえと出会うたおかげで、おれは長生きすることにした。百まで生きるで」

最初のころは、母と同じように「どや、今日はどや」と言いながら、よく店に来てくれました。それから八年、毎月帳面を持って報告をしに行きますが、八十三歳になった今も、とてもお元気です。

あともうすこしで、担保の権利書をまっさらにして返すことができます。それまで元気でいてほしい。絶対、元気でいてほしい。

僕が、何があってもがんばれる大きな理由は、小濱さんに「おまえと一緒にいい夢が見られたよ」と言ってほしいからなんです。

つくづく世の中は広い、こんな仏様以上のような人がいて、こんな恩の受け方もあるんだなと、感慨を深めているところです。

逆転ホームランが打てないときは……？
今できることだけ、やりつづける勇気をもつ

できあがった二軒目の店は、ありがたいことに、バケツをひっくり返したような雨が降っても、家が揺れるような大風が吹いても、お客様が来てくれました。それもこれも大恩人の小濱さんに大金を借りる保証人になってもらったおかげです。

情熱だけを武器にして突っ走ってきましたが、やはり人生、うまくいくことばかりではありません。

ちょっとだけ儲け主義に走った僕は、二年目から結婚式の二次会などのパーティだけを受けることにしました。決まった時間に決まった人数がボンと集まるのですから、まちがいなく儲かります。これがまた大当たりで、断らなければいけないぐらいジャンジャン予約の電話が入ってきたのです。

それを断るのがもったいなくて仕方がなくなったとき、少し離れたところにあるカラオケボックスがつぶれるという話が舞い込んできました。

「ここをやれるのはおまえしかいない」と言われて、それも何かのご縁かもしれないと思い、事業を広げることにしました。

カラオケボックスの壁を取り払い、三つの大きな部屋に改造して、こちらであふれたぶんをそちらにまわすことにしました。

ところが、サービスをよくすれば大丈夫だろうという目算ははずれ、予約は土日しか入らなかったのです。改造するだけで、三千五百万円もかかったのに、赤字は毎月百万円ずつたまっていきました。

いったん狂った歯車はなかなか元には戻せません。あとは坂道を転がり落ちるように借金は増えていきました。あらゆるサラ金から借りまくりました。自分が借りられなくなったら、兄や妻に行ってもらいましたし、しまいには街金にまで行きました。

こちらの支払いがとどこおって悲鳴をあげた業者さんは、少しでも払ってくれなかったら納品しないと言ってきました。そのうち、一発逆転ホームランを打ってやると思って、歯を食いしばってがんばりましたが、現実には不可能でした。

結局、目の前にある、やれることをやるしかない。

そう悟った僕にやれることは、ブライダルに関する事業でした。

当面、今できるそれにすべての力を注ごうと考えました。

一つひとつの結婚式を、ていねいに、徹底的に喜んでもらえるものにしよう。積み重ねてがんばるしかないんや……。

原点に戻ってやりはじめたら、それがフッと伸びて、ようやく息がつけました。

家族みんなで泣きながら、「もう絶対に使わん」と、サラ金のカードに、次々ハサミを入れたことは忘れられません。

思えば、調子よくやっていたとき、東京で僕を仕込んでくれた田端社長は、「中村、早めに一回つぶしたらどうだ。一回つぶれればわかることがある。おまえも大きくなれる」とよく言っていました。そのことの本当の意味が、苦境に立って、よくわかりました。「今できること」に打ち込むしか、打開の方法はないのです。

そして、僕は今、自分の店を長続きさせたいと思いつつ、あまり先のことは考えていません。世の中でこの店が必要でなくなったときは、つぶれるときだと思っているからです。

竜馬の命日に喪服で一人旅をする

友だちがプレゼントしてくれた本が、人生の指針になる

僕が、どんな苦境にあっても志を失わないでいられる大きな支えのひとつに、坂本竜馬の存在があります。幕末の英雄・坂本竜馬は、「世の人は我を何とも言わば言え、我が成すことは我のみぞ知る」という言葉を残しています。激動の時代の、先の先まで見通した彼は、世間がどう言おうが、己の信じる道を猛進しました。

この志士の中の志士に惚れ、僕は毎年、十一月十五日、三十三歳で生涯を終えた竜馬の命日（竜馬の誕生日でもありますが）には喪服を着て、必ずどこか違う県のゆかりの地をひとりで訪ね、英雄を偲《しの》んで供養の酒を酌《く》むことに決めています。

四十七年かけて四十七都道府県を巡って弔《とむら》いの旅を重ね、六十五歳で完結したとき、四十七回分の「竜馬追弔の日」の出来事を本にしようと思っています。これからの人生、上り坂、下り坂、道に迷うこともあるでしょうが、何があってもこれだけはやり通す決心です。

竜馬との「出会い」をつくってくれたのは、長野から家出してきていた同い年の吉越正明でした。行商軍団で一緒に汗水流していた仲間です。

極貧生活の中、十八歳の吉越は少しずつ小銭を貯めて、三百六十円の文庫本、司馬遼太郎の『竜馬がゆく』第一巻を僕にプレゼントしてくれました。

本なんてろくに読んだことのないこの僕に、「おまえは竜馬みたいなやつだ。読め」と言って、真新しい本をくれたのです。しかし、勉強していない僕は、「だれやねん、竜馬って」と、なんのことやらさっぱりわかりません。

その僕が、読みはじめるや、一気に竜馬の魅力にとりつかれ、涙をボロボロ流しながら、穴のあくほど真剣にこの本に没入してしまったのです。一巻を何回もくり返し読みました。二巻、三巻と続きが読みたいけれど、買えません。食べるものを削ってでもお金を貯めて買おうと、必死に歯を食いしばりました。

ようやく全巻読み通せたとき、単純な僕は「坂本竜馬みたいになりたい」と心の底から思ったのです。

そんなわけで、僕は自分の会社を「クロフネカンパニー」と名づけました。海援隊をつくり、黒船のような大きな船で世界を相手に交易や事業をしたかった、竜馬にちなんでのことです。

「クロフネ」の進む速度は速くはないかもしれません。けれど、夢と希望をいっぱい積んで、自分も「竜飛んで天馬となり、日本中を駆けるんだ」と胸躍らせたのです。

竜馬との縁をとりもってくれた吉越は、僕が伊勢で二号店を開こうかと思案しているころ、明治神宮で結婚式を挙げました。友人代表である僕のスピーチは、「泣かせてほしいか、笑わせてほしいか」と聞くと、「感動バージョンがいい」と言うので、僕の宝、とっておきのカセットテープを、スピーチの最中に披露しました。

「坂本竜馬殿。開店おめでとう。一足先を越されたが、おれも負けない。すぐに追いついてみせるぞ。だが、おまえがしゃべれば人が喜ぶ、みんながなごむ。これからもいっぱい人の役に立ってくれ。今日は本当におめでとう。慎太郎より」

これは忘れもしない、僕が二十一歳の二月九日、伊勢で「クロフネ」一号店をもった開店の日に、くたくたに疲れて家賃一万八千円の長屋に帰ると、留守番電話のサインが点滅して、ひとつだけ入っていたメッセージです。

吉越の声でした。「おまえは海援隊の坂本竜馬、おれは陸援隊の中岡慎太郎だ」と、自分のことも中岡慎太郎にして、メッセージの最後も「慎太郎より」となっています。

そのとき僕は長屋でひとり、感激のあまり嗚咽《おえつ》しました。開店のお祝いに駆けつけてくれたほかのだれにもまして、竜馬と僕の縁をつくってくれた彼の、この志士同士にしか通じないメッセージがうれしかったのです。

「この録音テープは一生消せん！　おれの宝だ！」と、だれもいない部屋で僕は絶叫していました。

そんな思いのこもったテープです。訥々《とつとつ》と下手なセリフで一生懸命、僕を激励してくれている吉越のテープを聞いて、僕と一緒に結婚式の会場中、みんな涙、涙でした。とくに可憐《かれん》な感じのお嫁さんは、泣きじゃくっていました。

式が終わると、吉越のご両親がはじめて会った僕に「ありがとう、中村君。あの子にこんな友だちがいてくれてうれしい。次の店の開店祝いだ」と五万円包んでくれました。そしてそのすぐあとには、お嫁さんのお兄さんが「祝開店、坂本竜馬殿」と書いた祝儀袋を僕の手に握らせました。開けてみたら十万円の大金。仙台育英高校野球部の元キャプテンで、男気バリバリでした。

僕は、大親友の結婚式だからと、張り込んだつもりで三万円包んでいったのに、その五倍のご祝儀をもらってきてしまいました！

この親友が教えてくれた豪傑・竜馬は、並の器じゃありません。世界の中の、日本の将来を憂い、歴史を動かした男です。

比べるべくもない小さい僕ですが、それでも夢はでっかく、志は高く、この大親友の友情に応えるためにも、「平成の竜馬」を目指します。

第2章

尊敬する人のご縁で、人生が濃くなる

中村流・ご縁の深め方

「今日は、でやった?」は人生のおまじない

人を喜ばせることの喜びを、母の口ぐせで知る

僕の今までの人生には、数多くの恩人がいますが、今もこれからも行動の指針を与えつづけてくれている代表として、僕はいつも「七人の侍《さむらい》」を挙げています。

時代順にいえば、まず時を超えて僕の志のお手本になっている坂本竜馬、生まれ育った故郷と家族の遺伝子を代表する祖父と両親、僕の最大の師匠である東京時代の田端俊久社長、そしてその後、LMP経営塾を中心に広がった人脈を代表する三人の方がいます。両親は分かちがたく一人と数えて、合計「七人の侍」です。

この章では、「七人の侍」とその周辺から、僕がどんな影響を受け、何を学んだかをお話しさせてください。

前にもふれたように、僕の育ったところは大変な田舎です。それはふつうの人の想像を絶する田舎で、それこそ、ムーミン谷か宮川村かといった案配《あんばい》です。

まず、家の前後数キロにわたってスーパーなどは一軒もありません。家も五、六軒かたまっているかと思うと、その先二キロぐらいはまったく家がないのです。宮

川というきれいな川があり、大杉谷という名前のとおりの山奥で、最後まで日本オオカミが住んでいたといわれるところです。

学校までは、山越え谷越え、遠い子だと一時間四十分かかりました。村人の職業は山仕事ですから、朝四時には起きて仕事に出かけ、夜は八時に寝るという昔の生活がそのまま残っていました。

つまり、世の中の動きから一歩も二歩も取り残されていたわけです。

僕たち子どもの遊びは当然、自然相手でした。季節になると、川では毎日鮎《あゆ》を捕りました。家に帰ると、僕の足音を聞きつけて、母がバタバタと駆け寄ってきます。おかえりと言いながら、「でやった？（どうだった？）」と聞くのです。

「今日は二匹や」と言うと、「ほんでも、大きいほうはおじいちゃんに、小さいほうはおばあちゃんに食べてもらおうな」と喜んでくれました。

そんな報告をして母に鮎を渡して、それからお風呂に入って寝るという生活は、その季節の間は毎日続きました。

これは実益を兼ねた、じつに楽しい遊びでしたが、ときにはしんどくなることもありました。いくら鮎捕り名人の自然児でも、不漁の日だって必ずあります。

でも、帰ろうかなと思うと母の顔が浮かびます。また「でやった?」が出るだろうなと思ったら、収穫なしでは帰れません。それだけに十匹も捕れたときには、胸を張って帰りました。母の喜ぶ顔を見るのが、何よりの喜びでした。

母の「でやった?」は、鮎を捕りに行ったときだけではありませんでした。野球の試合に行って帰ってきたときも、「でやった? ヒット打ったか? 点取ったか?」です。毎日、毎日、「でやった?」を聞かない日はありませんでした。

僕はそのころ、母の「でやった?」のためにがんばっていたような気がします。

学校へ行ったのも、母を喜ばせるためだったんだなと思います。「でやった?」に答えるためには、「おもろかった話」や、学校で勉強したことを報告しなければなりませんでしたから。

それは、三十四歳になった今も、じつは続いています。

実家に帰るとなると、たとえ仕事で夜中になっても、母は起きて待っていてくれて「でやった?」と変わらず言うのです。

これをうるさいと思う人もいるのかもしれません。

でも、僕は、「でやった?」のおかげで、人を喜ばせることの喜びを知りました

し、ごく自然にそれができるようになりました。

ですから、母にはとても感謝しているのです。

自信を失いかけたら、遺伝子を信じろ
「大きな人間」を身をもって示してくれた祖父

山と山に挟まれた谷底にある宮川村の空は、あまりに山が近いせいで、隠れて細長いのですが、そこに輝く星は手でつかめそうなほどです。晴れた夜には、「天の川ではなく天の海」と言いたいくらいの星が、季節を問わず、一年中見えます。

亡くなった祖父は、小さい僕と一緒に星を見ながら、よくこう言いました。

「太閤さんもこの星を見たんやで。天皇陛下も総理大臣もおまえも、同じ星を見てるんや。そやから好きに生きたらええ」

祖父は明治生まれの気骨で裸一貫、山林事業をおこした豪快な人で、僕はこの祖父に似ていると言われるのが大好きです。先祖の遺伝子とつながっているということだからです。それは子どもにとって、無条件でものすごい自信になるのです。

ご先祖がミキモト真珠の御木本《みきもと》幸吉さんだということを、自分の力を信じる源としている友人、谷興征《たつゆき》君がこんな話をしてくれました。

真珠のネックレスというのは、一粒一粒ばらばらの貝で育った個性豊かな真珠たちが、色や大きさ、巻きや光りぐあいが似ているもの同士で集められ、一連につながれることによって、大きな付加価値が生まれる。

人間も同じようなもので、一人ひとりばらばらの家庭で育った人が、同じような考え方や感じ方に共鳴して集まり、そこに理念という名の糸がスウーッと通ることによって、ひとり以上の価値が生まれたり、大きなことを成しとげたりする。なんてすばらしいことだろうな……。

今までお話ししてきたとおり、僕はやみくもに上京したり、長い間、帰らなかったりと、両親に心配をかけどおしでした。母はいつも味方をしてくれたのですが、そのたびに祖父が言っていたことを話してくれました。

祖父は僕がコタツの上をハイハイしていたころから、「この子は自由に大きゅうせぃ」と言ったそうです。

「こいつはきっとおもしろい人間になる。あれこれ親の都合を言うたらあかんで」

母はその話をしてくれたあとは必ず、「おまえは、おじいちゃんによう似てる」と付け加えました。それが、何も先の見えなかった僕の自信につながったことは、いうまでもありません。

僕がちょいちょい、飲みに行って女性と話したくなるのも、八十五歳まで芸者さんを呼んでは大騒ぎしていたおじいちゃんのDNA、少々お金を使ってもおじいちゃんのDNAと思えば、自分を許せてしまうのだから、不思議なものです。

「もうだめだ、人生ドン底で頼れるものもない」と思ったときは、「自分の遺伝子は、ここでへこたれたりしない」と信じこんでしまうと、なぜかそんな気がしてくるものです。

祖父は、僕が伊勢神宮にまつわる高校へ入ったとき、とても喜んでくれていました。「教育勅語」を暗記したこともとても喜んでくれたのですが、その年に亡くなりました。

お通夜のとき、東京から駆けつけた兄と泣きながら「おじいちゃんみたいに、でっかく生きよう！」と誓い合いました。

生きていくことにちゃんとした意味をつくりたい、と切実に願ったのです。

ガソリンスタンドの浮気はしない

「この人だ!」と思える人から物を買え

祖父は、畳を替えるときにお願いするお店を、一軒だけに決めていました。それが、あとになってありがたい助けになるとは思ってもいませんでした。

レストランを始める準備をしていたころ、実家が火事で半焼し、畳替えをしなければならなくなったときのことです。

母がその畳屋さんに電話をしたら、すでに廃業したというのです。時代が変わっていたためでしょう。ほかに頼もうにも、今は簡単な軽い畳が多く、昔ながらの畳をつくってくれるところは少なくなっています。困ってしまったのですが、四方山《よもやま》話をしているうちに、その畳屋さんが「やらせてください」と言ってくれたのです。

その元畳屋さんが、仕事道具をまた持ち出し、僕たち家族のためだけに、ていねいにつくってくれた畳を踏んだときの幸せは、何にも代えがたいものがありました。

人が、「この人のため」と思いをこめた品物には、値段のつかない価値が生まれると強く実感しました。

僕も、物を買うお店はひとつに決めることにしています。

電化製品などは大型チェーンの量販店のほうが安いでしょう。でも、「この人だ」と思う決まった店の人から、物を買いたいのです。自分で飲む焼酎も店で使うお酒も、借金まみれのときに一千万円のツケを一年待ってくれた酒屋さんからしか買いません。

ガソリンも、決めたスタンドでしか入れません。東山君というサービスマンがいて、車のことは彼、と家中で決めています。バッテリーなど、ガソリン以外の商品は量販店のほうが安い場合もありますが、僕は高くても「喜んで東山君」なのです。東山君も僕の気持ちをわかってくれて、駅まで車で出かけたときなどは、空いたスペースに駐車させてくれます。ちょっとした故障なら、快くうちまで自分の車で来て、修理してくれます。

僕が人から言われて忘れられない言葉は、「おれはおまえから物が買いたいねん」というお客様の言葉なので、「もう、あなたからしか買わない」と言ってもらえることのうれしさを、よく知っています。うれしがってもらえれば、人を喜ばせることが好きな僕も、うれしい気持ちになります。

お店ひとつとっても僕は、細い糸をあちこちたくさん張りめぐらすより、太い糸をビシッと張って、絶対切れないご縁をつくっておきたいと思っています。

切花を生けるのは「商売人」、花畑をつくるのは「事業人」

コネを使うより、自前のネットワークを築け

「今日はすごく偉い方々がお集まりのようで、私など、そんな人前で話すような者ではないのですが……アイスクリームはなぜ溶けると思いますか？」

そうそうたる方々が集まる会に、連れていっていただいたときのことです。ゲストとしてお話しされたある社長さんは、いきなり、こう問いかけました。

脳外科の偉い先生も首をひねり、指名された人は、「暑かったから」とか、「氷菓子だから」とか、「アイスクリームだから」などなどの答えしか言えません。

その社長さんはひととおりの答えを聞くと、「みなさん、子どものころからお母さんに何べんも言われてきたはずですよ。はよ食べんと、アイスクリームが溶けてしまうで、と。だから答えは、早く食べないから、です」と言いました。それが、

中川電化産業（株）の河中宏社長との出会いです。

河中社長は日本国内で約十社、韓国やタイなど各国合わせて二十社ほどの会社を経営していますが、多くの日本企業のように、あちらでつくったものを日本で売るのではなく、韓国でつくったものは韓国で売るのです。河中社長独自の事業哲学があるのでしょう。

僕も連れていっていただいたことがあるのですが、現地での歓迎ぶりは、想像以上のものすごさでした。「河中社長歓迎」という花輪が並び、みんなが正装して、バンドまで入ったパーティを開いてくれました。

ホテルの部屋の前には一晩中護衛がつき、僕が出かけるときでさえ、「ミスター河中のお友だちに何かあったら」とついてきてくれるのです。

でもそれは、単に経営者だからということではないでしょう。現地の人と気さくにつきあい、若い人を本屋に連れていって、「勉強せいや」と、もちろん韓国語で言ってあげたりする人柄に、みんなが惚れ込んでいるのだと思います。僕にも、一緒にデパートやコンビニをまわりながらいろいろ教えてくれました。

その河中社長が、あるときお孫さんの話をしてくれたことがあります。一緒にエビフライを食べたら大きなエビが出てきて、お孫さんが、「おじいちゃん、このエビフライ、食べても食べても尻尾にたどりつけへんなあ」と言った、というのです。

それを聞いて僕は「これや！」と膝を打ちました。ちょうど店の経営に悩んでいた時期だったので、その大きなエビフライを店の目玉にできないかと考えたのです。しかも、タイでも顔が広い河中社長にお願いすれば、安く手に入るのではないかと思ったのです。

僕の話を聞いて河中社長は、「その話は、フミちゃんが儲けたいという話なわけやな」と言いました。僕は、「売り上げのために、目玉ができればと思っています」と答えました。

「やっぱり商売人やな。なんだかおまえの話を聞いていると、花瓶に水をためて、切花をさしたようなものを、お客様に食べさせるように聞こえてくる」

河中社長がおっしゃったのは、今すぐ手に入れて、きれいだろうと人にすぐ見せたい、評価をしてもらいたい、でも、その花が枯れてきたら、また新しい花をさして……をくり返していきたいように聞こえる、ということだったのです。

「おまえは事業家になる男やと思ってた」

河中社長はそう言って、さらに続けました。

「花瓶に切花をさしてもすぐに枯れる。そしたらまたさすんか。何年さすんや。そんなことより、お花畑をつくらんか。花畑なら、花が咲いたら、種が落ち、新しい芽が出てまた花が咲く。だんだん花畑は狭くなってくるから花畑を広げる。そういう事業家発想はできんのか。

もし、おれがおまえだったら、単身タイへ行って、エビを育てている人間を見に行くぞ。そこの人たちがどんな生活をして、どんな思いでエビをつくっているのか見て、感じてこい。だれかを使ってなんて簡単にすまさんと、エビをつくっている人間と、男同士のパイプをつくるほうが、ええんと違うか？」

そう言われて、僕は目の覚める思いがしました。苦しかったら来いよと言ってくれる河中社長に甘えようとしていた自分が恥ずかしかったからです。

そう思いながら「せめて、通訳を」と言い出したのですから、我ながらあきれた話です。

もちろん、また、「アホか」と怒られてしまいました。恥ずかしついでに、そのときのやりとりを公開しておきますと……。

「また人の力を借りるんか。なんで通訳がいるんや」

「だって言葉、通じませんもん」

「通じ合わへんからええのや、だから、おまえの熱意が伝わるんや。長く滞在して、日本語でしゃべれ。相手は根負けして、おまえの言葉をわかろうとする。おまえも相手の言うことをわかろうとする。そこで二人の心と心の糸が結びつく。この関係はどんなに厚い契約書より強いものになる。粋《いき》なものになる」

ずっと、そういうやり方をしてきたからこそ、どこの国の事業も安心して任せていられるのだという河中社長の言葉に、僕は頭がクラクラしてきたと同時に、その奥深さに感動させられたのです。

車のバックギアは、なんのためにある？

前に進む意欲さえあれば、何度でも方向転換できる

エビフライの一件のあと、自分の小ささを感じて落ち込んでいると、河中社長は僕に、「フミちゃん、どの車に乗ってきたんや。ああ、あれか。ええ車に乗っとる

のう」と話しかけてきました。

「ところで、あの車にバックギアはついてるか？」と言うので、当然のように、「ついてますよ」と答えましたら、「それなら、なんのためにバックギアはついているか知ってるか？」と聞いてくるのです。

妙なことを聞くなあ、こっちはそれどころではないのに……と思いながら、「バックギアですか？　それはやっぱり後ろへ下がるためでしょう」と、あたりまえのことをどうして聞くんですか、というニュアンスの返事をしました。

すると、河中社長は、言うのです。

「違う。バックギアは、バックするためにあるんじゃない。方向転換するためにあるんや。そこに行ったら間違っていたということに気づいたとき、違う行き先を見つけるためにバックするねんど」

この言葉には度肝を抜かれると同時に、ありがたくて涙が出そうになりました。

人は行き詰まると、バックギアを入れて退却を余儀なくされることがあります。

しかし河中社長は、それは後戻りをするためではなく、次の行き先を見つけるためだというのです。

そのためにバックギアがついているということは、やりなおしは何回でもできるという意味ではありませんか。

「事業が大変なときは、何べんでもバックギア入れたらええんや。そうやってがんばれ。ゴルフするときも、おまえみたいに体がデカかったら、ビュンビュン振れよ。人がアイアン勧めても、そのほうが安全だと言っても、ドライバーを握れ。ＯＢになってもいいからビュンビュン振れ。大事なんはスコアじゃない、思い切りのよさや！　のお、フミちゃん、がんばれよお」

河中社長はそう言って、背中をボーンと押してくれたのでした。

どんなに小さな共通点も見逃さない

いつもアンテナを立てていれば、出会い感度は高まる

縁が縁を呼ぶかたちでいろいろな人とお知り合いになるものですから、僕はいろいろな団体と関係をもつようになりました。そのうちのひとつに「掃除に学ぶ会」というのがあり、その会に、「はじめに」でもご紹介した伊東俊一さんという方がいます。

店の常連さんでもある伊東さんが、あるとき連れてきてくださったのが、のちに僕の恩人のひとりになる（株）ティアの元岡健二社長です。

「フミちゃん、紹介するわ。元岡さんってすばらしい人やねんで」と言われましたが、そう言われても、どこがすばらしいのかはわかりません。名刺を交換したら、最初の恩人の田端社長と同じ、熊本の人だということに気づいただけでした。

話は自然に熊本の話になったのですが、そこでレストランを経営しているというのです。店の名前は「ティア（ＴＩＡ）」、「土に、命と、愛ありて」という意味で、その頭文字をとったというのですが、今ひとつピンとこないまま、お別れしてしまいました。

それでも、伊勢の地に、熊本の人がみえるのも何かのご縁かと思って、久しぶりに、田端社長に電話をしたのです。いろいろ近況報告をしているうちに、「たまには遊びに来ないか」ということになりました。

例のごとく、「また今度」は許されません。「仕事とおれに会うのとどっちが大事なんだ」と言われてしまいますから、すぐに行きました。

社長は現役をしりぞいて、ボロボロの貸家に住み、菜食主義になっていました。訪ねたときはいつも、奥さんがつくってくれた玄米菜食の精進料理をいただくのが常だったのですが、そのときにかぎって、「見ておいたほうがいい店があるから、おまえも一緒に行くか」と言って連れていってくれた店がありました。

外食なんてめずらしいと思いながら店に入ったら、そこになんと元岡社長がいたのです。「あれっ」と思って、走り出て看板を見てしまいました。

「ティア」とあります。また中へ入って「元岡社長！」と声をかけたら、「あっ、見たことある」という顔をしています。

「伊勢の中村です。伊東さんと来ていただいた……」

「へー、あのときの？　もう来てくれたんですか」

人のめぐりあいの不思議さに、僕たちは思わず固い握手を交わしていました。

「何かわからないけれど、私とあなたは何かをしなければいけないね」と元岡社長は言ってくれました。

僕が、無農薬野菜や有機栽培に関心を抱くようになったきっかけは、この出会いにあったのです。

無農薬の有機野菜を使った自然食レストラン、ティアは盛況でした。ものすごいパワーを感じさせる店でした。このパワーはどこから来るのか知りたいと思いました。さっそく元岡社長にもなついていきました。

元岡社長に勧められて、東京の「食の学校」へも行きました。すごい思いで、食べ物をつくっている方の話は、本当に感動的でした。自分でできるところからやろうと思い、努力を始めました。

不思議なご縁で、僕の事業にまた幅をつくることができましたが、それも、すでにご縁のある人との、ほんのすこしの共通点を見逃さなかったからだと思っています。

ご縁はすなわち、チャンスなのかもしれません。

一万枚と九千九百九十九枚は同じに見えてもまったく違う
「まあいいか」で生まれる紙一重の恐ろしさ

元岡社長は、何度か伊勢の僕のお店にも足を運んでくださいました。そのときは、もう夢中になってお話ししたものです。彼の話す一言一句を逃さないように耳をそばだて、こちらも一生懸命におしゃべりをして、何かを盗もうと必死でした。

その日も、元岡社長が知り合いを何人か連れてきてくださって、みんなで会話が盛り上がって、こちらのテンションは最高潮でした。

そのとき、ふと元岡社長が後ろを振り返り、「すみませーん、お水ください」と言ったのです。そして、僕のほうに向き直り、「ブンちゃん」と言いました。元岡社長は僕のことを「ブンちゃん」と呼ぶのです。

「ブンちゃん、きみ、私との話に夢中になるのもけっこう。でも、きみはあくまでサービスマンだろう。私の水も、彼らの水も、これだけ少なくなっていることに気づかないということが、まずダメなんじゃないだろうか」

こう静かに言われて、僕はハッとしました。すっかり話に夢中になって、お客様のコップが空になっていることに気づかなかったのです。恥ずかしさで顔がみるみるうちに赤くなってくるのを感じながら、自分のサービスマンとしての未熟さをひしひしと痛感しました。同時に、自分の心を鬼にしてそれを言ってくださった元岡社長に、心から感謝したのでした。

接客というのは、お客様の話を一生懸命聞いていればいいものではないのです。

お客様を取り巻く空間すべてに気を配り、満足していただく。それができてこそサービスのプロなのです。

元岡社長の人生に対する基本姿勢は、ひとことで言うなら「手抜きをしない人生を送る」ということだと思います。それをわかりやすい例を引いて教えてくれたことがありました。

まず、一万枚の紙の束が二つ積み上げられている図を想像します。たとえば、レストランの厨房《ちゆうぼう》で、魚のソテーにかけるソースをつくったとします。そのソースがちょっと冷めてしまったので、温めなおしたら煮詰まってしまった。なめてみるとまあまあだけど、もうすこしサラッとさせたいなと思ったとします。みなさんならどうしますか？

たいていは、水と塩を加えて味をととのえるでしょう。この程度だったらお客様にバレないだろうと、それをやってしまい、「まあいいか」と思った瞬間に、一万枚の紙から一枚、スコッと抜けて床に落ちるのです。

掃除をするときに、椅子をどかすことが面倒で、裏にたまったホコリを拭かずに

「どうせ、見えないんだから、まあいいか」と思ったときに、紙はまた一枚抜けていきます。「まあいいか、これぐらいで」と思うたびに、一枚ずつ抜けていくわけです。

一日にたったの八枚抜けただけなら、一万枚と九千九百九十二枚だから、だれが見ても、その差はわかりません。でも、この一枚一枚が命とりになります。

半年続けたら、だれでも紙の束はぐんと減っているはずです。一万枚と五千枚になれば、ハッとして、だれでも紙が減ったことに気がつくでしょう。

でも、もっと怖いのは、そこで気持ちを入れ替えても、一万枚の紙を五千枚にいったん減らしてしまったら、五千枚と四千九百九十九枚の差がわからない人間になってしまっていることです。一枚の微差、僅差《きんさ》がとても大切なのです。

ふつうの標準として一万枚を設定しておいて「まあいいか」で一枚抜けるとすれば、「まあいいか」と思ったときに、「いや、ここで手を加えなければいけない」と考えて実行すれば、紙は増えていきます。

片方の束が「まあいいか」で、もう一方の束が「手抜きはいけない」だったとすれば、半年後、一年後には、びっくりするほど大きな差になっているでしょう。一万五千枚の束になったとき、その店の人気の秘密を、だれもが知るようになるにちがいありません。

ビラ配り・ティッシュ配りに「ありがとう」

路上も街中も「人好き」になる訓練の場

自分で言うのもなんですが、僕は素直な性格で、何か感動できる人に出会うとすぐにそのまねをしたくなります。心を全開にして、受け入れ態勢百パーセントという状態を保っているわけです。

元岡社長が、ある日ポロッとこんなことを言われました。

「世の中には偉い人もたくさんいるよね。大きな会社を経営している人、たくさんお金をもっている人、いい車に乗っている人、人前で話をなさっている人と、いろいろな偉い人がいるけれど、あそこでゴミを拾っている彼もすごく偉いよね。大金持ちの人にあれができるのかな。偉い基準なんて、人それぞれだよ」

元岡社長は、そういう、世間では偉いとはいわれていないような人への尊敬心を、行動で示していました。一緒に歩いていると、「ありがとうございます」と言いながら、街頭で配られるビラやティッシュを受けとっていくのです。

僕がさっそくまねをしたのはいうまでもありません。配っている人は、アルバイトであれなんであれ、仕事でがんばっているのです。

みんなロボットではないのです。そう考えれば、せめて「がんばってね」と言いながら受けとるのがエチケットですし、人を好きになるための自分の訓練にもなります。

見ているとみなさん、ほとんど無視して通りすぎてしまいます。受けとったとしても、「うるさい」とか、「もらってあげるわよ」という態度をとる人が圧倒的です。けれども、ちょっと視点を変えることができるなら、明日から見過ごすことはできなくなるはずです。難しいことではありません。だれにでもできることなのですから。

というわけで、それ以来、僕がお断りしたのはコンタクトレンズの広告ビラだけです。僕は山育ちですから古代人のように遠くがよく見え、視力は二・〇です。ですから、そのビラもよく見えてしまい、「ああ、僕、目はいいからごめん」と言いました。

もちろん最近はサラ金の宣伝が多いので、受けとりにくい面はあります。しかしアルバイトで寒いところに立っているのだと思えば、ティッシュくらいは受けとってあげてもいいでしょう。この人たちも、「ありがとう」でどれほど癒されることでしょう。

「一期一会」という言葉もあります。今、出会った人にもう一度会えるかどうかわからないのです。ですから、ビラ配りの人との一瞬の出会いでも、心を通じ合わせることができるなら、人生が豊かになるのではないでしょうか。

ギブ&ギブンの心が、人間関係を円滑にする

目標達成力が縦糸ならば、横糸は人間関係力

大阪でLMP（ライフ・マネジメント・プログラム）経営塾を主宰している横井悌一郎塾長に出会ったのは三十歳のときです。僕の生涯の恩人、横井塾長は複数の企業を経営すると同時に、公認会計士でもあります。若いときに大病をしたことが

きっかけで、「人間には偉大なる可能性がある」と知り、人間力開発をライフテーマとしました。二十数年前にLMP経営塾を創設し、多くのリーダーを育てています。

LMPの基本姿勢は、以下のような、人間がもっている無限の可能性を開発することにあります。

- 自らの強みを生かし、人に喜びを与えるような「磁力ある目標」を発見すること
- 人間のすべてを「肯定する思考」をもつこと
- 感謝や希望を表現する、「肯定的な言動」をすること
- 定期的に「具体的な計画」を立て、行動しつづけること
- 「ピンチはチャンスの芽」と思い、冷静に対処すること
- ギブ&ギブンの精神で、広く、「心の協力者」を求めること

人間力、つまり目標達成力と人間関係力を開発して、より多くの人に喜んでもらおうというこの塾の考え方は、どこかで聞いたことがあると思いました。それもそ

のはずです。行商時代、田端社長が、つねづね言っていたことと、まったく同じだったのです！

僕は横井塾長に、一気になついてしまいました。塾長は、ＬＭＰの勉強会で僕の体験を話してほしいと言われました。

「自分のような若造が……」とためらう僕に、「きみの波乱万丈の人生劇の中には、目標達成のために大切なことがたくさん含まれている」と励ましてくれました。

講演会など恥ずかしいので、塾長との対話形式で進めていただいたのですが、これが人前に立つ最初の体験になりました。その後、塾生になったのですが、月に一回の講習会は、僕にとって、日常のアカを落とす最高の場所になりました。

横井塾長は常に、「やるべきこと」の準備、それをやったらどうなるかのシミュレーション、イメージ・トレーニングまでしておく周到な方です。オフィスは、いつうかがってもピシッと整理整頓されています。僕が思いつきや勢いで動くタイプだからこそ、横井塾長の几帳面でシステマティックなところが、貴重なのです。

「ときどき、自分が苦手な部分をもっているこの人に会っておかないと、僕は糸が切れた凧《たこ》になってしまう」と思うのです。

隠すな、すべてさらけ出せ

芦屋マダムを虜にする「照れない・飾らない・隠さない」姿勢

ＬＭＰ経営塾の横井塾長のご自宅は、芦屋《あしや》です。芦屋といえば、有数の高級住宅街です。新しくつくられた高級住宅街ではなく、長い歴史が息づいている街なのです。

横井塾長は、いっぺんになついてしまった僕を、とてもかわいがってくれて、「ホテルへなんか泊まらんと、フミちゃん、うちへ泊まってけ」と誘ってくれました。

僕も素直な人間なので、すぐにその気になりました。塾長夫人の愛子さんも、とても明るく気さくな方で、まるで息子のように僕の面倒をみてくれています。息子のように扱ってくれるということは、ふつうの人が言ってくれないことを言ってくれるという意味でもあります。

「フミちゃん、気づいたことを一、二点、言ってええか？」と注意してくれるのです。

このお小言が、ありがたい。かけがえがないと思うのです。

大人になると、次第に叱ってくれる人がいなくなります。たとえ、こちらがおかしなふるまいをしても、うるさいと思われるのがいやだとか、そこまでかかわりたくないなどの理由で、見て見ぬふりをする人がほとんどです。するとこちらは、いつまでたっても同じ間違いをくり返してしまいます。

だからこそ間違いだらけの発展途上人の僕にとって、横井さんご夫妻は貴重なのです。

やがて、僕が塾長のお宅に行くと、ご近所さんが遊びに来るようになってしまいました。中村文昭ワンマンショー。愛子さんは、ご近所の奥さん仲間から、「今度はいつ、フミちゃん来るの？」とよく聞かれるそうです。

とりわけ、僕の子ども時代の話がおもしろいようです。家の庭で卓球をしていたら、タヌキの親子がやってきて、エラーしたピンポン球をくわえて逃げたとか、小学校の校庭にイノシシがまぎれ込んできたとかいった話です。

僕は僕で、芦屋のお宅をもうすっかり自分の部屋のように思っています。パジャマもちゃんと置いてありますし、愛子さんは、僕を「おかえりー」と出迎えてくださいます。

最近では「芦屋合宿」と称し、塾の若手連中も泊めてもらって語り明かしています。人生論、経営論から女性の話まで、笑い転げたり激論になったりと大盛り上がりです。

山国育ちで洗練も何もされていない自分を素直に出し、ありのままの自分をさらけ出すしかできない僕ですが、そんな自分を見せてつきあえるＬＭＰ経営塾と芦屋合宿は、心のふるさとのような場になっています。

だまって、そばにいるだけでいい

本当のサービスとは、これみよがしではない

最初の恩人であり、僕にとっては巨大な岩に思えた田端社長にも、追い詰められた時代があったといいます。十九歳で会社を任されたものの、親会社の倒産のあおりをくらい、二十二歳で何もかも失ったときに残されたものは、多額の借金でした。

「サラリーマンをしていたら、この負債はどうにもならない。だったら商売をしよ

う。どうせなら商売の原点に戻ろう。故郷の熊本の名産は果物だし、果物の行商をしよう」

たったひとりでのこの決意が、僕らが修業した、行商軍団の原点だったのです。

しかし、商品知識もない社長は、腐りかけの果物をつかまされたり、値段もふつうの行商より高く設定してしまったりと、たちまち行き詰まってしまいました。

明日の仕入れのお金もない、釣り銭も用意できないし、ガソリンは片道分しかないという、追い詰められた状態に陥ったのです。

そして翌朝の六時、田端社長は東京から、神奈川県の津久井《つくい》に向かいました。津久井湖のほとりで、「今日が最後です」と神仏やご先祖様に手を合わせたといいます。

午前中、農家を一軒一軒、全部で百二十七軒回りました。ここでだめなら、死ぬしかない。社長の頭には、そんなことも浮かんだそうです。

しかし、買ってくれたお宅は、非情にもゼロでした。

意気消沈し、途方に暮れるうちに道に迷い、知らず知らず山の中へと入っていってしまいました。社長は不安と絶望におそわれ、大声でわんわん泣いたそうです。

もう、おれは死ぬしかない……。

しかし、一時間も泣いてすっきりすると、ずぶとい社長は、ふと思いました。

「二十二歳の若さで、ここまで苦労しているやつはそういないだろう。だったら、おれは、もしかしたら大物になるかもしれない」

気をとりなおし、「まだガソリンが残っている。最後まであきらめてはいかん」とカツを入れ、社長は山を下りはじめました。だんだん、民家が見えてきます。ひとつの集落に着いたのでした。

「こんにちは、果物の行商にまいりました」

一軒の家で声をかけると、「あら」と言いながら、そのお宅の奥さんがガマ口を持って出てきました。ガマ口を持って、ということは、買ってくれるつもりなのです。社長はうれしくて、張り詰めていた糸が切れたように、また泣き出してしまいました。

「若いのに、あなた、どうしたの？」

奥さんはそう言うと、泣いている社長の横で、だまって話を聞いてくださったそうです。仕入れでだまされたうえ、果物が売れないこと、売れなかった果物は全部腐って損になってしまい、自分はそれを食べて食いつないでいること。借金も抱えて、もう死ぬしかないと思っていたこと……。

奥さんは、社長が落ち着くまでひとことも口をはさまず、ただそばにいてくれました。そこには言葉にならない、なんともいえない優しさがありました。

やがて、「腐った果物ばかりじゃ、若い体がもたないでしょう」と、縁側に座らせた社長に、奥さんは食事をもってきてくれました。それは、ごちそうではありません。冷たくなった残りご飯と、具のないみそ汁、これだけは山盛りの、家で漬けた白菜でした。

「だからこそ、まごころを感じたんだぞ。もしこれが、揚げたてのトンカツやら、豪華なおかずだったら、ここまで感動しなかったと思う。見ず知らずの方が、飾り気のない、自然な優しさでもてなしてくれたから、本当にうれしかったんだ」

この話を通じて社長は僕に、お客様へのサービスというのも、これみよがしではいけないと教えてくれたのです。

さて、社長はそのあと、奥さんに、「お礼です」と言ってみかんを置いていこうとしたそうです。すると、それまでは穏やかで優しかった奥さんが厳しく言いました。

「だめよ。あなたは商売がしたいんでしょう。ちゃんとお金は取りなさい。私はそんなつもりで、あなたの話を聞いたんじゃないわ」

社長は「ありがとうございます」と、奥さんに深く頭を下げました。

その集落は偶然にも、社長の故郷、熊本から移住した人が住む土地でした。その奥さんの紹介で、残った果物は一時間で完売したそうです。

その後、田端社長は、第1章でご紹介したとおり、僕らのような家を飛び出したやつや、少年院帰りを集めて行商軍団を率い、六本木に五店舗を出すまでになります。

僕は講演のたびに社長の話をするので、「ぜひお会いしたい」とおっしゃる方も、たくさんいます。しかし、社長はすべての店を独立させ、東京を去りました。

今は故郷の熊本の阿蘇山のふもとで、「賢人塾」という私塾を主宰しています。

「おれはスーパースターになるより、スーパースターを育てる名プロデューサーになりたい。今までの経験を生かして、これからの厳しい時代を共に生き、世界に貢献できるような人づくり、とくに青少年の育成に命をささげたい。それが今生《こんじょう》のおれの使命だと思う」

先日、僕が賢人塾を訪ねた際に、静かに力強く話してくれました。

僕のご縁も、いつかそこにつながることができれば、と思っています。

第3章

「人たらし」の本質は、人を喜ばせること

中村流・口コミのつくり方・広げ方

お客様の「自分らしさ」をプロデュースする

心の奥底のニーズを引き出すコーチング商法

「あなただけのオリジナル・ウエディングを手づくりで」

こんな宣伝が、よく雑誌や電車の吊り広告に載っています。しかし、これがいざ決める段になると、「そんな変わった招待状を出したら、ご親族に失礼になりますよ」とか、「このパターンの中から好きなのを選んでください」とか言われて、一事が万事、結局、本人たちの意思はどこにも反映されない結婚式になってしまいかねません。

では、僕の店はどうやるかというと、まず「どんな結婚式がしたいの?」と本人たちに聞きます。すると、たいていみんな同じことを言います。「自分たちだけの、自分たちらしい結婚式がしたい」。

「じゃあ自分たちらしさって何かな?」と聞くと、これにはほとんど答えられないという点まで、みな同じです。

さて、ここからが腕の見せどころです。

その人の頭や心の中にはあるのに、言葉になって出てこないものを、質問を投げかけて引き出してあげるのです。

言葉や情景や音楽など、具体的なイメージを湧かせることによって、彼らの隠された願望を導き出してあげるのです。これはまさに、今はやりの「コーチング」の手法です。

たとえば、まず二人の出会いの話を聞きます。それから仲良くなって、つきあって、と順に聞いていくのです。「彼ってどんな印象やった？　ケンカしたことは？　プロポーズしたときはどう？」。いくらでもネタは出てきます。

こうやって聞いて箇条書きにしたものと、季節のご挨拶などをつなげて、文章をつくっていきます。

次は「どんな紙に印刷する？　紙の専門店にいろいろな紙があるけど、行って見てくる？」などと持ちかけると、もうかなり具体的なイメージができてきた新郎は、「おれ、行く行く。その紙に合わせて、自分でパソコンで打って、来週もってくるわ」。こうやって手づくりの招待状ができてくるわけです。

あるカップルの場合は、打ち合わせで二人のストーリーを聞いていくうちに、あまりにドラマチックで「小説みたい」とスタッフのだれかが言ったとたん、「だったら小説をつくっちゃおう。その小さな本を招待状にすればいい！」と即決しました。そして、表紙のデザインや目次やまえがき、最後の発行人、印刷所などが書いてある奥付というページまで、まったく本物の文庫本そっくりの招待状ができあがりました。

そこには二人が結ばれるまでの、涙あり笑いあり、波乱万丈のストーリーが著者・新郎新婦、協力・クロフネスタッフで語られました。これを読んだら、「ちょっと都合が悪くて……」と言っていた親戚や友だちまで、行っておめでとう、がんばれよと言わなくてはいられなくなってしまう、そんな招待状になりました。

こんなぐあいですから、クロフネのブライダルの打ち合わせには、みなさん二十回から三十回は来られます。

ふつうの結婚式場では、おそらく二、三回、多くて四、五回でしょう。だんだん形ができてくると、「もう打ち合わせに来れなくなるかと思うと寂しい」と言う人まで出てきます。「どうせおれなんか刺し身のツマやから」と言っていた新郎が、一生懸命やっているうちに燃えてくるのです。

そのせいか、結婚式では新婦が泣くものという相場が、僕たちの結婚式では正反対。当日、涙で顔をぐちゃぐちゃにしながらガバッと僕に抱きついてくるのは、多くの場合、新郎のほうです。

「最初は結婚式なんてどうでもええわとシラけてたおれでも、ここまでできた。本気になって自分たちらしい結婚式ってなんだって考え出したとたん、燃えてきた。今日みんな心底喜んでくれて、お祝いしてくれて、おれは本当に幸せやなあと思えた。なんかこの式だけじゃなくて、人生ほかのこともこうやったらいいって、自信みたいなもんまで出てきて……。ありがとうっ！」

カタログを選んで決めただけで「手づくり結婚式」なんて、そんなのは絶対違うと、今いちばん熱心に宣伝してくれているのは、ほかでもない、号泣した新郎たちです。

ウエディングマーチは蒲焼のかおりにのって

あんなこと、こんなことも可能にするのがクロフネ流

「クロフネの結婚式には台本のないドラマがある」、それが僕らの自慢です。新郎新婦の個性を生かし、一つひとつ手づくりで喜びを形にします。ホテルや結婚式場のような派手な演出も豪華な仕掛けもありません。お金をかけなくても、世界に二つとない、そのカップルだけの式を、お二人とスタッフでつくりあげていきます。

じつはうちのお客様は、再婚組やできちゃった婚のような「ワケあり婚」が多いのです。御当人にはハンディキャップを負っているという意識があるのかもしれませんが、そのハンディがまた感動を呼びます。結婚式は、ハンディがあってもなくても、どれもみなシナリオの違う、ほろりと涙を誘う物語です。

その感動の名場面、ベスト3を発表しましょう。

第三位のお二人の場合、新婦の実家は鰻屋《うなぎや》で、親父さんはもちろん鰻職人でした。その親父さんは一人娘の結婚式だからと、事前に何回も会場を見に来て、ちょっぴ

り残念そうにしていました。

「うーん、レストランでも、これだけあればじゅうぶん結婚式ができるんやなあ。おれだって店がもうちょっと広けりゃ、自分とこで娘の式、挙げさせてやれるんやけどなあ」

そこで僕は「もし、披露宴のメニューに鰻を入れるとすると、どんな食べ方がいいですか？」と聞いてみました。

「そりゃー、決まっとるがな。蒲焼《かばやき》だよ。だけど蒲焼は焼きたてでなきゃ。折り詰めなんかで出したって、本物の味は味わえないよ」

これを聞いて、僕らは決心しました。そうだ、この親父さんに、一世一代の晴れ舞台をつくってやろう！

かわいくてたまらない娘のために、このクロフネのウエディング会場を、鰻を焼く匂いで充満させてやろうじゃないか。

半信半疑の親父さんを説き伏せて、当日、披露宴会場には鰻屋からごっそりもってきた焼き台が備え付けられました。親父さんは、「本当に焼いていいのか。ここで本当に……」と言いながら、火をおこします。店中に煙と匂いがこもってしまうと心配する親父さんでしたが、僕は「大丈夫！　翌日は休みにしました。ドンと盛大にやってください」と胸をたたきました。

宴たけなわのメイン・ディッシュにすべく、跡継ぎの長男と親父さんの腕によりをかけた蒲焼が、すさまじい煙とともに始まりました。

どんどん焼き上がるずっしり大型の鰻。この日のために特別に仕入れた極上の鰻の蒲焼です。それもアツアツの焼きたてが、どんどん客席に運ばれます。会場は、煙と匂いが一体となって大変な盛り上がりです。

「うまーい。親父さん最高だよ。こんなうまい鰻はじめてだよ」

「あたりまえや。これが本物の蒲焼だ、ホラもういっちょう、もってけ！」

言いながら、ふと見ると親父さんのほっぺたを涙が伝い、ぽたぽたと落っこちて、炭の上でジューといっているではありませんか。

息子さんがきれいな手ぬぐいを渡すと、「いやー、煙がなー、目に入って」と太い腕でぐいと目と鼻水をぬぐっていました。

ハンディキャップ婚は感動倍増
ブライダルプロデューサーも泣いたこんな秘話

引き続き、第二位です。このお二人の場合、よくあるように新郎が「結婚式なんて、どんなものでもいい」と、あまり乗り気ではありませんでした。でも、隠された願望を導き出してあげるのが、クロフネです。

打ち合わせを重ねるうちに、新郎がかなりのバイク好きであることがわかりました。「自分たちらしい結婚式っていうんなら、バイクを式場に持って入りたい。でも、そんなことできるわけないですよね」。そうつぶやいたのを、もちろん聞き逃しはしません。僕はもちろん「それならバイク、持って入ってくださいよ」と提案しました。新郎は半信半疑。それでもうれしさは隠せません。

持って入ってくださいと言ったものの、問題はどうやって入れるかです。そう、クロフネのドアは、回転ドアなんです！　押して入るわけにもいかず、分解しても大きなバイクを入れることはどう考えても不可能でした。

それでも、あきらめるわけにはいきません。知恵を絞りに絞って、思いついたのが、「裏口」です。表がだめなら、裏があったんです。幸い裏口は回転ドアではありません。

僕たちは四人がかりで裏口のドアをはずして、冷蔵庫、食器棚、そこら中のものを押しのけてどうにかこうにか、バイクを運び込むことができました。

もちろん新郎は大喜び。バイクでデートを重ねたエピソードを披露すると、お客さんも納得の表情。ウエディング姿のお二人がバイクに座っての記念撮影は、これまでにない感動的なシーンになりました。

さあ、いよいよクロフネ感動の名場面、第一位の発表です。みごと一位に輝いたのは高校生カップル。新郎は高校を卒業したばかりの十八歳、新婦は十七歳。「できちゃった婚」でした。

二人が現役高校生のときに妊娠が発覚。親御さんたちは、それぞれ息子、娘に「人生はそんなもんじゃない。おろしてやりなおせ」の一本槍《やり》で押しまくる。かたや御両人は絶対いやだと突っ張る。

お金のない二人が僕の店を舞台に選んだ最初の理由は、当日のご祝儀でまかなえる予算だったからでした。

本番まで、とにかく問題山積みでした。両家ご両親同士は、まったく口をききません。なんでわが子を説得できないのかと、お互いなじり合いです。「当日は双方、目が合わない席を用意してくれ」とまで言い出す騒ぎ。両家代表挨拶もなければ、花束贈呈も急遽《きゅうきょ》シナリオから消す始末です。

招待客は二人の同級生ばかり。もつべきものは友だちです。

文字どおりの「友情出演」で、アドリブあり、ヤラセあり。司会をハラハラさせるNG大賞の連発に、会場は抱腹絶倒、感動の嵐。若い二人へのエールはやみません。

最後に十八歳の新郎自身がお礼の挨拶をしました。台本なしのぶっつけ本番です。

「今日は僕たちのためにありがとうございました。ひとつ聞いてもらいたいことがあります。今、彼女のおなかにはひとつの命が宿っています。お父さん、お母さん、僕を産んでくれてありがとう。僕はお父さん、お母さんの子どもに生まれてよかった。だからおなかの子と出会えたんです。僕たちは貧乏して子どもに苦労をかけるかもしれん。でもこの命を殺すことはできへん」

友だちは全員総立ちで、「おれら、おまえらの味方や。困ったことがあったらいつでも言ってくれ」と駆け寄りました。両家のご両親も四人同時に立ち上がって「私たち何をしてたんやろう」と泣きながらお互いに手を握り合い、「どうかよろしくお願いします。生まれてくる孫が楽しみや」と、新郎新婦と抱き合って泣いていました。

こんな結婚式をプロデュースできると、うれしくてたまりません。僕はついつい感動のあまり、お客様以上に涙してしまうことも多いのでした。

花嫁さんが働きに来たくなる披露宴会場

「口コミ人生」のカギはリピーターにあり

僕は「口コミ人生」を送っているのかもしれません。

三年前、「おまえの話はなかなかおもしろいから、人の前で話してみろ」と言われ、年間十か所で講演をしました。二年前、それが年間三十か所になり、去年は八十か所を超えました。今年も日に日に増えている状況です。

これは全部、「口コミ」です。

講演を聞いてくださった方が、「うちの社員にもぜひ聞かせたい」といきなり手帳片手に話しかけてこられたりしたのです。

人におもしろがってもらったり、喜ばれるのが何よりうれしい僕は、「はい、行かせてもらいます！」と二つ返事で、どこにでも飛んでいきました。

ブライダルのお客様も、ほとんど口コミです。披露宴に出席していた新郎新婦のご友人が、「今年の秋の空き状況、どうですか」と帰りがけにたずねてくることもめずらしくありません。それどころか、以前、うちで式を挙げた花嫁さんが、別の形の「リピーター」になってくれるのです。「離婚してもう一度か」って？　とんでもない、そんな話ではありません。

僕らの店は平日はレストラン営業なので、そんなにたくさんのスタッフはいりません。ただ、土日や祝日だけ、ウエディングのお手伝いがほしいのです。でもふつう、そのときだけ来てくれる人なんて、いやしません。

ところが、うちはそういうときの予備軍をちゃんと抱えています。以前、クロフネで式を挙げた、もと花嫁さんです。

「あのときあんなにうれしかったし、感動した気持ちにもう一度なりたいから、人手が足りないときは呼んでください。お給料いりませんから」というわけです。信じられないかもしれませんが、でも、そういう「リピーター」が何人もいるのです。

お客様とスタッフと、一緒に相談してウエディングができあがっていく過程を全部わかっていますから、手伝ってもらうとしたら先輩花嫁はうってつけです。

たしかにプロに比べたら素人ですから、お皿もたくさん持てません。落とさないようにとそっと親戚の席に運んでいって、「失礼します、どうぞ」なんて、どう見てもふつうの奥さんです。

でも、僕はそれでかまわないと思っているのです。

素人だからこそ自然体で、「私ね、今、お皿を配ってるけど、じつは二か月前はあそこに座った花嫁だったんですよ。ここのスタッフじゃないんですけど、いい結婚式ができたから、手伝わせてもらってるんです」と気さくに話しかけたりします。

式が終わるころ、その親戚のおじさんがなるほどと納得してくれて、「じつはうちの息子もそろそろなんだけど、来年、桜の咲くころの大安は混んでるかなあ……」と聞きに来たりします。

有限会社クロフネカンパニーの宣伝広告費は、ズバリ年間三十八万円だけ。パンフレットなどにかける程度です。

派手な広告を出すより、目の前のお客さんにできるかぎり喜んでもらうほうが、次のお客さんを呼ぶ効果抜群だと、僕は思うのです。

答えはお客様の中にある

二人の物語を表現するウエディングケーキづくり

「さあ、新郎新婦、お二人はじめての共同作業、ウエディングケーキの入刀です！」

よくある結婚披露宴でこんなお決まりのセリフに乗せられ、御両人がナイフを入れるのは、二メートルも三メートルもある、大きなつくりもののケーキのほんの一角です。

しかも前日のカップルも、一週間前、一か月前の二人も使った「ケーキ」です。

このつくりものに何万円も払うのかと思うと、首をかしげたくなるのは僕だけではないでしょう。

よく結婚式のことをゴールにたとえますが、二人の人生という観点から考えれば、これから手をとり合って人生を切り開いていくスタートラインです。

これまでにご縁のあった、いちばん大切な方々をお招きして、「今、私たちは、こんな夫婦像を思い描き、これからこんな人生を送っていきたい」という、未来予想図を発表する会であるはずです。

ウエディングケーキは、入刀の儀式のためのものではなく、こうしたお二人の物語を描くキャンバスにしなければ、もったいないではありませんか。煙が出るわけでも、レーザー光線が当たるわけでもないけれど、僕の店では世界にただひとつのラブストーリーを描いたケーキにしたいと思うのです。

たとえば、あるカップルの場合。

新郎は三重県鳥羽在住、新婦は鳥羽から船で三十分の離れ島、答志島《とうし》に住んでいました。デートをしようにも、悲しいかな、最終の船が夕方の六時半。ふつうのカップルならこれからデートという時間に「さよなら」しなくてはいけない二人でした。

やがて新婦は学校を卒業して島を離れ、ようやく鳥羽で働けるようになったと思いきや、今度は新郎が名古屋へ転勤。彼女の名古屋勤務が叶ったと思ったら、彼氏は群馬県へ異動です。

そんなふうに、いつも海や距離に阻まれていた二人のケーキは、こんな絵物語になりました。

抹茶のスポンジ生地で海岸線をリアルに表した鳥羽と答志島を、白い生クリームのケーキの上にのせます。間の海はマリンブルーのゼリー。その上にはフルーツの魚が泳いでいます。「鳥羽市」「答志島」と立て札を立てて、マジパンという食材で家をつくり、彼女の実家の営む旅館「はまや」に見立てます。新婦はチョコレートの船に乗って手を振りながら島へ戻っていきます。本土側では、彼氏がハンカチをくわえて見送っています。

司会者の僕が、この物語を、身ぶり手ぶりで招待客にご披露します。

「新郎新婦のラブストーリーを、キャンバスに描いていただいた本日のケーキでございます。今まで長い間、お二人を阻んでいたこの海や距離にナイフを入れて、お二人をじゃまするものを取り去っていただきましょう」

また、新郎が水道設備会社に勤めているカップルには、こんな物語を描きました。

左隅にマジパンでできた水道の蛇口がついていて、「株式会社○○設備工業」と、チョコレートの看板が立っています。蛇口からは、青く色づけされた生クリームの水が流れています。二人共通の趣味がジェットスキーということで、マジパンでできたジェットスキーに新郎新婦の人形が乗って進んでいきます。

お客様はみんなケーキを見に、ぞろぞろ前に出てきます。

新郎の同僚は「よくできてる」と感心し、新郎の社長は「うちの宣伝になるなあ」とほくほく顔。ジェットスキー仲間は「いや、かわいい！」と手をたたくというぐあいです。

つくりもののケーキだと、入刀の瞬間をカメラに収めようとみんなが寄ってきますが、うちのケーキは入刀前に写真に収めに来ます。儀式だけのケーキカットと比べて、二人を描いたケーキは、どれほど重みがあることでしょう。

ボブ・ディランは「答えは風の中にある」と歌いましたが、クロフネでは常に「答えはお客様の中にある」と言っています。

サラサラシートは本当にさらさらか？

会話をはずませる「答えのない」話

ある日、一号店のバーで、お客様と僕を合わせて七人が、カウンターをはさんで話していました。ちょっと話題がとぎれたとき、テーブルの上のビール瓶を指さして僕は、こんなことを話しはじめました。

「ねえ、どう思う？　この前、くだらないことを言うお客様がおったんやけど、僕、考え込んでしもうてんや」

「なになに？」とみんな身を乗り出してきました。

「ここにボトルがあるけども、アリはこのいちばん上から飛び降りても死なんわな」

「そりゃ死なんやろ」と、ここまではだれもが口をそろえて答えます。

「じゃあ、人間がギューッとちっちゃくアリぐらいになって、ここから飛び降りたらどうなるんかな？」

こうなると「そりゃ死ぬやろう」と言う人と、「そりゃ死ねへんやろ」と言う人が出てきます。

「だったらこの近くに八階建てのジャスコのビルがあるけど、あそこからおれらが飛び降りたら死ぬわな」

「そりゃ死ぬわな」

「じゃあ、アリがボーンと大きく人間ぐらいの大きさになって、ジャスコの屋上から飛び降りたら死ぬかな」

こうなるとまた「そりゃ死ぬ」と言う人と、「いや、死なへん」と言う人に分かれます。

その話題だけで、それから七人はどれほど「激論」したことでしょう。「死ぬ」の「死なん」の、大の大人がもう真剣に「ああだ、こうだ」で、ワイワイ盛り上がります。

「じゃあ、バッタが人間と同じ大きさになったら、どこまで跳べるんや？　跳んで転んだら骨折しないんか？」というぐあいに、話がどんどん広がります。

この手の話には、答えなんてありません。ああでもない、こうでもない、みんな好き勝手に言いたい放題。人が「こうだ」と言い張るけれど、こっちは絶対それは違うと思うと、どうしても言わずにいられなくなる。大激論に発展します。

正直に言うと、「その日は雨でお客様が少ないから、新しいお客様が入ることよりも、今いるお客様に長くいてもらうことを考えよう」というとき、こんな話を持ち出すんです。しょうもない話だと思いつつ、みんな乗ってきてくれます。

それに、お酒が入っていると、みなさん不思議と天才的な発想が出て、意外な理屈を思いつくものです。「森永のエンゼルマークは男か女か」「一週間の始まりは日曜日か月曜日か」などと始めれば、話がぽんぽん飛び出してきます。

この手のネタにはこと欠きません。

「閏年《うるう》は四年に一回、一日だけ多いけど、あれはなぜあそこで調節するんだろうね」と持ち出すと、「一日は二十四時間よりも少し多いか、少し少ないか、どっちかなんだろう」とだれかが言い出します。

「少し多いぶんが積み重なって、積み重なって、一日分になって、閏年を設けて帳尻を合わせるんやろう」と言う人もいれば、「いや、違う。二十四時間より少ないぶんがどんどん前倒しになっていって一日をつくるんやろう」と主張する人もいて、ここでまた舌戦の大バトルです。

だれも正解を知らないから、討論はエンドレス。乗ってくれば話題はあちこちに飛び火します。「宇宙」なんてでかい話には、それこそ天文学的数字が続きます。トークバトルにとどまらず、実際にどうなのか実験してみたものまであります。

「女性にはいささか申し訳ないんですが、「女性用のナプキン『サラサラシート』は、本当にサラッとしてるのか。どれだけ水を吸収するか」とだしぬけに切り出すと、それなら現物を買ってきて解明しよう、ということになりました。男同士ジャンケンして、負けた人が調達係です。

「おれ、こんなん買うのはじめてや」

「あたりまえだろが、このー」

こんなことを言いながら、それでも楽しそうに買ってきてしまうのですから驚きです。

「ほんまにサラッとしてるで」

「何cc水を吸うかやってみよう」

「高分子吸収体はどないなってるか、ハサミで切ってみよう」

はたから見たらどうしようもないようなことも、輪の中に入ってしまえば妙に楽しい。みんな何年も前の悪ガキ時代、放課後の教室でバカを言い合っていたころに戻れるんでしょうね。

お客様も、家でこんなことをしたらあぶない人と思われてしまいますが、あの店へ行ったら、またあんなしょうもないことで楽しめるんだろうなと思うと、足がついこっちに向いて、リピーターになってくれます。

たまには自分からこんなこと言い出してやろうとか、内心うずうずしながら来てくれるお客様も出てきます。

ボンネットの温かさで、お客様を見抜く

人を喜ばせる「サービス」はマニュアルにできない

どうしたらお客様を喜ばせることができるか、ということをあれこれ考えるのは、僕にとってはとても楽しいひとときです。こちらが試みたことに対して、お客様がいい反応をしてくれると、「もっと喜んでもらいたい」と、ますますアイデアを練るようになります。

ある小雪まじりの寒い日のことです。

一組の若いカップルがお店にやってきました。僕は、そのお客様がお店に入ったあと、すぐに駐車場に行って、そこにある車のボンネットをかたっぱしから触ってみました。いちばん温かいボンネットの車が、今入ったばかりのカップルが乗ってきた車です。

その車を見れば、男性の情熱がわかります。

彼女のことがすごく好きなら、車はピカピカに磨かれているのです。どうでもいい彼女だったら、ドロまみれのままで来たりします。まさに今日の昼にワックスをかけて磨いたような車だったら、それはもう男性の気合がわかるというものです。

そこら中をぶつけて、ボコボコになっている車で来たお客様に対しては、その車をジロジロ見るのは失礼だから、お見送りは店の中で「ありがとうございました」と言って、それで終わりにします。しかし、ピカピカの車だったら、一緒に店の外まで出ます。

「いやあ、すごいピカピカの車ですね。ワックスかけたばかりでしょう」などとひとこと言うと、彼女はハッと気づくのです。「私のためにここまでしてくれたんだ」と。

さらに、「いいですね、こんなピカピカのいい車の横に乗せてもらって」なんて言ってあげれば、もう彼女は天にも昇るいい気持ちになってくれるでしょう。もちろん、彼氏のほうこそ大満足です。

そこで、「ありがとうございました。またぜひお待ちしていますので」と頭を下げながら、その車が見えなくなるまで見送ります。

だいたいお客様は、角を曲がるときにバックミラーを見ます。そのときにまだこちらが頭を下げていると、「また行こうか」という気持ちになってくれるのです。

また、こんなこともあります。やはり寒い日のことです。カップルが食事を終えて、コーヒーを飲んでいるときに、彼女がトイレに立ったタイミングなどをねらって、男性のほうにたずねます。

「もしも、もうそろそろお帰りになるのでしたら、今日は外がすごく寒いですから、僕が車を正面まで回して、暖房をガンガンかけておきます」

こう言って、車のキーを預かるのです。そして、ここがミソですが、「彼女には言わないでくださいね」と釘をさしておきます。

彼女がトイレから出てきて、勘定をすませて、外に出たら、正面に車がもう停めてあります。そして、暖房までガンガンきいていますから、彼女はコートを着る必要もなく車に乗り込めて、彼氏のポイントはグッと上がったはずです。彼らが車で去ったあと、「今ごろあの彼は彼女に、『おれがあの店に行く理由がわかるだろう?』なんて言ってるんやろうな」と想像するだけで楽しくなります。

何かお客様の役に立っていると感じるのは、とても楽しいことです。サービス業はこんなにも楽しい、それをスタッフにも気づいてほしくて、どんどん僕はこういうことを率先してやっているのです。

こういうことは、「店員の心得」といったマニュアルにはできません。**「こうしなければならない」と思いながらやることには、お客様は決して喜んではくれないからです。**

心のこもらないサービスはただの押しつけになってしまいます。お客様を喜ばせようと考えるとき、自然に湧き出てくるワクワクした気持ち、この「湧く湧く」が、自分も相手も両方を幸せにするんだと、僕はバカのひとつ覚えみたいに言っています。

ほかの店を紹介してリピーターをつかむ

きっかけは、だれにでも聞ける質問にある

お客様に「また来たい」と思ってもらえるようにするために、僕は行動はもちろん、お客様と交わす会話にもいろいろ知恵を絞りました。

たとえばバーなら、うれしくて来る人もいれば、悲しくて来る人もいるし、愚痴を言いたくて来る人もいます。

どんなお客様でも、サービスする側の基本は「聞きの姿勢」だと思うのです。あくまでもこちらが聞きたいんだ、というところから始めるのです。こちらが親身になって聞けば、お客様も少しずつ打ち解けてくれます。

それには、はじめは向こうが答えやすい質問をします。

「今日はもうお食事、おすみなんでしょう。どちらでお食事をされてきたんですか」

こんな質問は、だれでもすんなり答えてくれます。そしてそれをきっかけに、かぎりなく会話をふくらませていくことができるのです。

その質問をした相手がカップルだったら、こんな展開になるでしょう。

「こんな素敵なお二人が、どんなところで食事をされたかお聞きしたいですね。よくお客様から『おいしいところ知らない？』と聞かれるので……」などと言うと、

「今日はAというお店で○○を食べたの」という答えが返ってきます。

そこで「いかがでしたか。おいしかったですか」などとひとしきり聞き手にまわります。

「へえー、よさそうですね。今度、僕も行ってみよう。場所、教えてもらえますか」

しばらくじっくり聞いてから、教えてくださいと言えば、みなさん気分がよくなります。

「その感じの店がお好きでしたら、もしよろしければ今度のデートのときには、Bという店に行かれてみてはいかがですか。あそこの○○は、あごが落ちるほどおいしいですよ」

今度はこちらが、いかにもおいしそうに説明してみせれば素直に聞いていただけます。

しかも男性は、たっぷり自分がしゃべった満足感のあと、次回のデートの誘いをどのタイミングで切り出そうかと迷っていたりしますから、まさにジャストタイミングの助け舟にもなります。彼氏はごく自然に、「じゃあ来週はBに行こうよ」と彼女を誘えるのです。彼女も僕の手前、「うん、行ってみようか」と気軽に返事をします。

来週のデートの予定が決まった男性はうれしくて、こちらに感謝のまなざしを送ってくれます。そして、もう一杯、もう一杯とお酒も進み、支払い金額が増えたにもかかわらず、「ありがとう、また来るわ」と言って帰っていきます。彼の背中には、「来週、Bのお店のあとに必ずまたここに来る」と書いてあるようです。

さらにそのカップルにとどめをさすために、二人の顔の特徴や、交わした会話の内容をメモしておきます。そして次の週、彼らがお店に来たときに、「今日はBのお店の帰り道でしょう。Aと比べてどうでした」などと言いながらおしぼりを渡すのです。すると、彼らは自分たちのこと、交わした会話のことなど、よく覚えてくれていたということで、とても感激してくれます。

ほかにもうれしいお酒、悲しい酒、ヤケ酒など、いろいろな理由でお店に来たお客様から、カウンターをはさんで毎晩、たくさんの人間模様や、本音の話を聞かせていただきました。僕たちにそういう話をすることで、少しでもお客様がリラックスしたり、ストレスを解消したりしていただければ、こんなにうれしいことはありません。

しかし、それにもましてありがたいのは、こちらのほうこそ毎日毎日、大変な勉強をさせていただいているということです。

本から得る情報、映像から得る情報、いろんな情報がある中で、人から直接聞き、学ぶことほどおもしろいものはありません。

「でも」と言うな。「なるほど」と言え
聞きながら相手を自分のペースに引き入れる方法

目の前の友だちがしゃべっている最中に、「でもね」「しかし」といった言葉をひんぱんに言っている人が、けっこういます。

こういう人をはたで見ていると、おせっかいながら「ああ、この人、友だちをど

んどんなくしてるな」と気の毒になってしまいます。

相手はたぶん、だんだんしゃべる気をなくしていくでしょう。ノリが悪くなって、トーンが下がってきます。なんだか話が終わったのか終わらないのか、わかったのかわからないのかわからないで、そのうち口をつぐんでしまうのです。

「あいづちって大事だな」とつくづく思います。

早い話、この「でも」「しかし」をきっぱりやめて、「なるほど」「へえー」「そうなんですか」と、相手の話の合間合間に心をこめて言ってみたらどうでしょう。

相手は、こんなに熱心に聞いてくれるならと、もっと一生懸命に、いくらでもしゃべってくれるでしょう。そして、必ずこちらに好意をもってくれます。

つまり相手の話を尊重し、相手のペースを重んじながら、結局は相手に自分を認めてもらい、今度はこちらの話もよく聞いてもらえるという意味で、こちらのペースに引き入れることもできるということです。

とかく中傷や批判の多い世の中だからこそ、人の言っていることに対してひねくれた気持ちを捨てて、素直に相手を受け入れたなら、ありふれた目の前の景色もひと味違って見えるはずです。自然と「へえー」「ほー、なるほど、僕もやってみよう」という言葉が出てくるはずだと思います。

自分でカッコいいつもりになって、頭のいいところを見せてやろうとか、バカにされないようにしようなどと背伸びをするのは、やめたほうがいいと心底思います。

じつは僕自身、そんな時期がありました。こうした邪心やツッパリをあっさり捨てると、人間、ずいぶん楽になります。そして、まっさらな心で、「えっ？　そうなんですか」という声が腹から出るようになるのです。

知らないことやよくわからないことは、好き嫌いを言わずにまるごと受け入れてしまうほうが、結局は得です。

僕は先日、スリランカ料理をはじめて食べました。

味も盛りつけも、「なんだ、これは」と批判しながら口に入れたら、なじめなくてわけのわからない料理かもしれません。けれども素直な心になり、スリランカの人たちや文化を想像しながら「ふーん、めずらしいね、おもしろいね」と冒険する気分で食べれば、こんなにおいしくてワクワクするごちそうもないでしょう。

「なるほど」「へえー」「そうなんですか」とピュアな心で受け止めたら、人のご縁も自分の世界も広がるのです。

人の心を読むには、まずほめてみろ

お世辞と思われないためには相手に関心を示す

お迎えする側に要求されるのは、お客様が今、何を思っていらっしゃるのかを読みとる力です。

少々高くても、彼女を誘う場合もあるでしょう。また、今日はお金がないし、ひとりだし、安くすませたいと思っているときもあります。男同士なら、安くてボリュームがあるものがないかなと思うでしょうし、主婦のお集まりならば、家でつくれないようなメニューを望まれるかもしれません。

「あれこれ迷っているこの方には、すぐ口に出して勧めたほうがいいのか、もうすこしお待ちしようか」とか、「今、会計は四千二百円だけど、それを高いと感じているのかな、もうお酒はお勧めしないほうがいいのかな」とか「この方が安いと感じるラインはどこらへんかな」などなど、個々のお客様に合わせた応対をしなければならないのです。

もし、そろそろおしまいにしたほうがいいと判断したら、ハーブの入った冷たい飲み物をお勧めして、明日のためにお酒は残さないほうがいいですよと、さりげなく帰宅をうながします。それで、お勘定が三千六百二十円だったとしましょう。お店にいた時間の割には安かったという印象をもって、今度はお友だちを連れてきてくださいます。

ちょっとお酒が入ると、お客様は気前がよくなります。しかし、オーダーどおりでも、払うときに「高い」という印象を与えたら、二度と来てはくれなくなるものです。

こうしたお客様の心が読めるようになる第一歩は、聞き上手になることです。そのために、僕がまずすることは、相手をほめることです。

女性はとくにほめるポイントが大事です。うっかりするとお世辞になってしまいます。

たとえば、「いやあ、お美しい方ですね」と言ったら、ただのお世辞になって、かえって怒られます。「色、白いですね」ぐらいならいいでしょうが、できたら容姿には触れないほうがいいようです。ほめているつもりでも、お世辞と勘ちがいされることが少なくありません。

絶対にお世辞と思われないほめ方は、相手の持ち物への関心を示すことです。

「そのペンダント、ちょっと変わってますね。なんでできてるんですか。へー、でも手に入りにくいでしょう。どこで探すんですか。ああ、いろいろ研究されてるんですね。でも、ペンダントひとつにもそれだけこだわるなんて、素敵じゃないですか。やはりそれだけに、すごく似合ってると思いますよ」

最初は単に何か知りたいという知的好奇心だけに見えて、だんだんさりげないほめ言葉に変わっていっているのにお気づきでしょう。

このように、ストレートなお世辞でなく、相手への関心をそれとなく示すことで、女性に限らず男性も、喜んでそれにまつわる話をしてくれます。

自分が認められている、それも上っ面のお世辞や、表面的な称賛ではなく、もっと深いところで自分に関心をもってくれていると感じれば、気持ちがよくないはずはありません。

そうなれば、警戒心を抱かずに、次第に自分のことを話してくれるようになって不思議はないのです。

もうひとつ、人の心を読むための、ちょっとしたトレーニングをご紹介しましょう。

じつに簡単なことですが、テレビの街頭インタビューに応じている人の答えを、クイズ番組のように予想するのです。

「次のドリーム・ジャンボは当たりそうですか?」というレポーターの問いかけに、「このおじさんやったら、細かそうだから『習慣で買っただけで、どうせ……』と答えるやろうな」とか「えらい陽気そうなOLさんや。『一発大当たりを狙います』と言うんとちゃうか」と茶の間でテレビを見ながら当てていくのです。

家族は半分あきれていますが、これもけっこう楽しいのです。

「あの人ならしゃあないな」と許される頼み方

人にアホと言われることは勲章になる

僕の講演会に来てくださる人は、四、五十代のサラリーマンの方が多いようです。

たいていが会社命令で、仕方がなく来ている人たちです。ほとんど、僕より年上ですから、「この忙しいのに、なんでこんな若いやつの話を聞かなくてはいけないんだ」という感じで、最初は腕組みをし、しょうがないという感じで座っていらっしゃいます。

背もたれにそっくり返っている人も多いので、全体として客席は、顔の色、つまり肌色というか、白っぽい色をしています。

そこで僕は、「この人たちの弱点はどんな言葉か？」「どんな話のパターンならグッとくるのか」と思いをあれこれ巡らしながら、しゃべっていきます。

すると、客席が変化してきます。徐々に足組み、腕組みがはずれて、背もたれにどっかりのっていた背中が、少し前のめりになってくるのです。

「ふんふん」と熱心に聞いてもらえれば、僕も気持ちよくなってどんどんしゃべる。聞き手も、「それで、それで」となって、ますます前のめりになる。すると、白っぽかった客席が、前のめりになった頭の髪の毛の黒さで、黒っぽくなります。

こうなればもう、こっちのペース。引っぱって引っぱって、オチを言ったとたんに大爆笑。みなさんの口が開いて、今度は客席は赤っぽくなります。

もう、PL学園の人文字のようなみごとさです。僕は、白から黒、そして赤に客席が変化したら、その講演会は大成功という、ひとつの目安にしています。

さて、僕の講演会が口コミで広がっていったのはもちろん、人のご縁があってこそです。

しかし、もうひとつの理由として、僕がアホだからということがあると思います。

ある講演会に行ったとき、主催者の方に、こんな締めくくりの謝辞をいただいたことがあります。

「いやあ、今日の話はおもしろかったですね、みなさん。本当に中村さん、ありがとうございました。久しぶりにこんなアホを見ました」

関西の方なら、そのとき僕がどれだけうれしかったか、わかってくださると思います。関西で「アホ」というのは、最高のほめ言葉だからです。

僕より賢い先生や、立派なお話をされる事業家は、たくさんいらっしゃいます。ですから僕が、同じように格好のよいお話をしても仕方ありませんし、だいいち、できません。

ありのままの自分をさらけ出して、「アホだな」と笑っていただくと、最初は「どこのどいつだ」と思っていた客席のみなさんも、安心して話を聞いてくださいます。笑いは、人の警戒心をほぐしてくれます。

そして、「おもしろいから今度は、うちの部下たちに話してやってください」という依頼が来たら、頼んだ方を裏切らないよう、今日した講演と同じか、それ以上に充実したお話をするようにがんばります。そうすると、そこからまた、ご縁がつながっていきます。

頼まれたことは笑って引き受けよう、これは僕のずっともちつづけてきたスタンスです。

僕は、逆に自分がお願いごとをする場合にも、「あの人なら、しゃあないな」と言ってもらえる人間を目指しています。

そのためにも、自分がアホになって笑ってもらい、そこからなついて信頼関係を結んでいくのが、一番の道ではないかと思うのです。

お歳暮は絶対、直接もっていく

一箱三万円のみかんを、家族の人数分「だけ」毎年届ける

あのひとくちが忘れられない、腹の底までシビれた食べ物の思い出って、ありま

すか。

僕の場合はみかんです。といってもそんじょそこらのみかんではありません。一箱三万円もする最高級の有田みかん。はじめてあれを口にしたときの衝撃は忘れられません。

「なんやコレー！　こんなうまいみかんが世の中にあったんか。今まで食うてたみかんは、みかんじゃなかったんちゃうか……」というぐらい。皮が薄くて中はみずみずしい、ジューシーな宝石です。

それ以来、お歳暮は「コレ」と決めています。京都の青果市場に、本当に限られた数しか出てこないので、市場の人に頼んでおくのです。それを駄菓子屋でくれるような茶色い紙の袋に、先方が四人家族なら四個、きっかり家族の人数分だけ入れて直接届けます。

自分の手でもっていく、というところがミソです。

百貨店から送られてくる仰々しい木箱やごていねいな包みより、本当においしいものが少しあるほうがうれしかったりするものです。

もちろん親しい間柄ですから、ざっくばらんに、「これ、お歳暮」と手渡して、

「みかん四個なんてバカにしてると思うでしょ。でも食うてみたらわかるから。じつは一箱、三万円もするんですわ」とにっこりして、ちょっと自慢顔。

これを大晦日《おおみそか》か元旦の、一家そろってごちそうを食べたあとのデザートに、「あいつがあれだけ言うてたから」と言いながら食べてもらえたら、「みかん四個だけ」のお歳暮に、きっとうなずいてくれること請け合いです。もうひとつ食べたいと思っても人数分という、ちょっと足りないところもポイントです。

そうなると、「来年もあのみかんかなぁ」と楽しみにしてくれます。なかには「中村みかん」と命名して床の間に飾ってくれる人もいますから、差し上げたかいがあります。

見かけや予算にしばられずに、「喜ばれる工夫をしたい」と思えば、自分も楽しめる贈り物のアイデアはけっこう浮かぶのです。

夏に贈るなら断然「鮎」です。自分が川に入って捕まえた、正真正銘の天然物。売ってるのはたいてい養殖でしょう。天然の鮎は違います。焼いても背びれや尾びれがピンとして、脂が乗っています。しかも僕が捕まえたやつはメチャメチャでっかい。

青葉茂るころになると、「また今年も待ってるでぇ」「解禁日はいつなんや?」と、心待ちにしてくれる人がいっぱいいます。

第4章

頭も資格も、お金もいらない

中村流・自分の肥やし方

いい話は三日以内に五人にしゃべる

人は「インプット」ではなく「アウトプット」で成長する

僕は人の話を聞いたり、本を読んだりして、ピピッと心に響いた言葉やいい話は、忘れないようにメモをとります。つまり自分の言葉で自分の頭に「インプット」するのです。もともとあまり記憶力には自信がありませんから、いつも名刺型の小さいカードを持っていて、すぐメモっておきます。

今度だれかに話すときのために、相手が信用してくれそうな人物名や場所、名称、年代といった「ポイント」をメモしておくのがコツです。

ただ漠然と話をするだけだと、相手には嘘か真実かわかりにくいのですが、信用してくれそうな出典なり年代なりをインプットしておいて、話すときにこうした情報を付け加えれば、「へえー、なるほど」とすんなり受け止めてもらえるからです。

こうしてメモしたカードを、僕は「ネタカード」と称してため込んでいますが、ポイントは、ため込むだけでなく、できるだけ早く、できれば三日以内に、この「インプット」した情報を「アウトプット」するように心がけることです。

つまり、いい話はほかの人に話すのです。それもできるだけ多く、最低五人と僕は決めています。

一生懸命に勉強をするのはたしかにいいことで、自分自身の内側に知識を取り込むことはもちろん大切です。けれども多くの人はこの「インプット」ばかりに必死になって、それを「アウトプット」していないような気がします。

ヘンな言い方ですが、「インプット」だけだとかえって、「インプット」そのものがうまくいかず、「アウトプット」があってはじめて「インプット」がより確かになるということに、僕は気づいたのです。

「かき込めば　脇に出ていく風呂のお湯・押し出せば　脇から入る風呂のお湯」という言葉があるそうですが、ため込もうとかき込むだけでなく、いったんインプットしたものを惜しげなくアウトプットすることによって、覚えたと思っていた情報が点検され、より確かなものになっていくことを、僕は何度も経験しているのです。

聞いてわかったつもりになっていても、いざ話そうとすると意外に記憶があいまいで、たどたどしく、なかなか思うようにいかないものです。ところが、二回、三回と人に話す回数を重ねると、だんだん不確かなところも思い出し、五回目ともなると、もうほとんどスラスラと、自分のオリジナルの情報のようになっていきます。

要するに、人に話そうとして何度も反芻《はんすう》することで、自分の中でそのことが確かになり、それによって相手にも確実に伝わるようになります。

そこまでいくと、「いい話だねー」と感心されたり、「いやあ、営業トークに使えるよ」と感謝されたり、一石二鳥にも三鳥にもなり、さらにはそこから人間関係が広がっていったりするのです。

この「インプット・アウトプット方式」のいいところは、だれでも今すぐに実践できることです。

アンテナに引っかかった言葉を「インプット・アウトプット」すると、自分の耳で聞いたことを自分の口で語りながら、同時に自分の耳で聞くことになります。しかも相手の反応を見ながらですから確実に自分の言葉となり、自分自身もまたひとまわり成長できるというわけです。

お母さんに「教えてあげて」成績抜群になった小学生

相手と心を通わせながら賢くなれる方法

学生さんもサラリーマンのみなさんも、僕らのような客商売も、日夜、成績を伸ばせ、実績を上げろと大変です。なにしろ競争社会ですから、そのことに執着するあまり、まわりが見えなくなってしまうこともあるでしょう。

でも、自己中心的にがんばって、はたして他人を押しのける犠牲を払っただけの結果は出ているんでしょうか。結果は出たとしても、大事な人間関係が損なわれたのでは、元も子もありません。

そんなことをしなくても、成績を上げながら、しかも人と心を通わせられる方法がちゃんとあるのです。

あるPTAの会合でこんな話を聞きました。

塾に通ったり、家庭教師をつけたり、予習・復習を一生懸命したりという「勉強」を、とりたててしているわけでもないのに、学年一成績がいいという女の子がいました。

そこであるとき先生が、その子のお母さんに、「どうして、学習塾や家庭教師の世話にもならず、家でガリ勉もしないのに、いつもこんなに成績がいいのですか」とたずねてみました。すると意外な答えが返ってきたのです。

そのお母さんは、子どものころ家が貧しくて、無学なまま育ったのだといいます。そして「今でも、近所のお母さんたちと話をしたりするときに、私はこんなことも知らなかった、あんなことも知らないと、ときどきとても恥ずかしい思いをするのよ」と何気なく自分の子どもに話したのだそうです。

すると、それをじっと聞いていた女の子が、次の日から、「私、今日、こんなことを習ってきたよ。理科ではこういうこと、社会ではこんなことを教わったんだよ」とそれはそれは一生懸命に、お母さんにその日一日の学校の授業の内容を全部、詳しく教えてくれるようになったというのです。

お母さんが勉強できなかったぶん、私が一生懸命聞いてきて教えてあげる。もうお母さんに恥ずかしい思いなんかさせないから……。

どうでしょう、この女の子の気持ち。

この女の子は、特別に頭がいいわけではありませんが、学校で習ってきたことをお母さんに一生懸命伝えようと思う気持ちだけは強かったのでしょう。

そして、自分がお母さんに伝えるには、まず自分が学校の授業を一生懸命聞いて、しっかりと覚え、わかっていなければならないと思ったにちがいありません。

そこで当然、学校の授業を真剣に聞くようになり、家に帰ってその授業を一生懸命思い出しながらお母さんに伝えたのです。

きっとそれは、お母さんにとって以上に、この子にとって、何より効果のある復習になったのでしょう。

だれかから押しつけられた勉強をイヤイヤするのではなくて、お母さんに教えてあげたいというひたむきで能動的な気持ちが、結果として抜群の成績をもたらすことになったわけです。

これこそ前の項でお話しした「インプット・アウトプット」のみごとな実例。自分だけよければという向上心ではなく、人も自分も一緒に向上していける道があるというすばらしい証拠だと思うのです。

この子に限らず、こうした気持ちは大人の世界でも奇跡を生むと思います。

学校や職場の人間関係、親子関係、どんな関係にしても、相手に一生懸命何かを伝えたい、その人の役に立ちたい、相手となんとかコミュニケーションをとりたいという真摯《しんし》な気持ちで一生懸命やっているうちに、成果はあとからついてくるものだと思います。

忘れるためにメモる

脳ミソが新しい情報をほしがる記録術

インプットの書き込み、アウトプットの参照に使うメモ用ツールとして、僕は名刺型カードを利用しています。これを専用のホルダーに何枚も入れておきます。

メモをするようになったのは、ある人に、「覚えておこうと思ったら窮屈《きゅうくつ》だろう。書いた瞬間に忘れたほうが、新しい情報がどんどん入ってくる」と言われたことがきっかけです。「これは名言だ！」と思いました。

それ以来、覚えるためにメモするのはやめました。

僕は、忘れるためにメモすることにしています。そうすると、なんだか脳ミソがもっともっと新しい情報を取り入れたくなってくるような気がするのです。

とにかく役に立つかどうかはおいておいて、いろんなことをメモしています。

たとえば、今、手近にあるメモから拾ってみると、こんなのがあります。

従業員を育てるときの心得として「待つことは愛」。この待つというのは、その人間が成長するのを待っていてあげるということです。慣れない仕事をする姿にじれったくなって「こうしろ、ああしろ」と指示するほうが簡単です。でも、自分で気づくまで待ってあげたほうが、その従業員の「実力」になります。

それから「人はインプットからは気づかない。アウトプットからしか得られない」。これはまさに前の項で述べたことです。

目標設定について、ボウリングのピンと三角マークのスパットにたとえて、目標と目的には少し誤差があると語った人の話。

ピンを倒すことが目標であり夢だとすると、倒すために目指すスパットが目的。夢のかたちはそこにあり、具体的なイメージにはたどりついているが、「今」やらなきゃいけないのはボールをスパットの上に通すこと。つまり今日の目的はスパットの上を通すことであって、それの積み重ねの結果がピンが倒れるということなんだという話でした。

それから、「掃除に学ぶ会」に所属していて、全国大会で沖縄まで掃除しに行った友人、谷興征君の話。

現地の高校生が着ていたシャツに「新友は親友なり。信友となって心友となる」というロゴが印刷されていたそうです。新しい友はつきあううちに、いわゆる親しい友、親友となり、信じる友となってやがて心の友となる。それを見た彼が「思わずメモったんや」と話してくれたその話を、僕も「それはええ言葉や」とメモっておきました。

僕は、本で読んだことも同じようにメモしますが、この本はここがいい、クライマックスだと思ったら、そこで読むのをやめてしまいます。

いいところでやめると、印象がとても強く残ります。それだけでもう「ああ、この本はこれでトクした。モトはとれた」と思います。そして翌朝、また同じところを読み、メモするのです。

ふつうは、いいところでやめられない、もったいないと思うでしょう。僕の場合、本を読んだら、いい言葉や役に立つことをインプットするだけではおさまりません。これをだれだれに言ってあげよう、だれだれに話したらどうなるだろうと想像したり、これを応用してもっとこういうふうにやってやろうと考えたら、落ち着いて座っていられなくなってしまうほどです。常にアウトプットを考えながら読むから、そうなるのでしょう。

ただでさえ人より読むのが遅いうえ、そうやって途中でやめてはまた読んでという読書ですから、いつも読みかけの本を三、四冊、同時進行することになります。

半分まで読んでそれっきりになった本でも、いいところはよく覚えていますから、「そういえば、あそこにあんなこと書いてあったな」と思って、もう一度、読み返すこともちょくちょくあります。

この方法だと、一冊最後まで読みとおすより気軽に読書ができます。

名刺入れに名刺以外のものを詰め込む

気に入った店のショップカードは五十枚もらって人に配る

今、同じ空気を吸っているすべての人と友だちになりたいという勢いで生きていますから、名刺交換ひとつでも、僕にはチャンスです。

「伊勢の中村です」と名乗ったあと、まずは名刺に刷り込んである言葉について話します。

有名な書家のたにぐち香葉先生に講演会でお目にかかったとき、「一燈照隅」と書いていただきました。

感激した僕は、せめてひとつのあかりで片隅を照らす人間になりたいと思い、名前の上に先生の書を刷り込んだのです。

京都の一燈園の教えでもある「一燈照隅　万燈照国」は、もともとは比叡山《ひえいざん》の延《えん》暦寺《りゃくじ》をひらいた最澄の言葉だそうです。

一人ひとりがささやかでも自分の身近の一隅を照らす。それだけでは小さいあかりかもしれないが、その一隅を照らす人が増えていき、万のあかりとなれば、国全体を照らすことになるという、本当にいい教えです。

このネタで、名刺交換した方と五分は、お話ができます。

次に僕は、名刺の左隅のハンコについて話します。

僕は、尊敬する坂本竜馬の「龍」の一文字を彫った小さなハンコを、名刺に一枚一枚、心をこめて押しているのです。司馬遼太郎の『竜馬がゆく』は「竜」という字をあてていますが、「龍」のほうがカッコいいので、僕はこの字を使っています。

大好きな竜馬の話ですから、五分ではすみません。ほうっておかれたら、僕は泊まりがけでしゃべる勢いです。また、僕以上の竜馬ファンもたくさんいますから、これで盛り上がったこともずいぶんあります。

名刺のほかに、僕は常にいろいろなお店のショップカードを持ち歩いています。よく食べ物屋やバーに、店の地図や電話番号を書いた名刺サイズのカードが置いてあるでしょう。

食事に行っておいしかったら、そこのカードをごっそりもらって帰り、「えっ、名古屋に行かれるんですか？　それならここ、ぜひ行ってみてください」と、みんなに配ります。

行ってみた人が「おいしかった」と言ってくれるのがうれしいし、次にそのお店に行ったとき、店の人が「なんだか、いやに伊勢の人が来ましたよ」と目を丸くしている姿が、また楽しくてたまらないのです。

頼まれもしない宣伝部長を買って出ているわけですが、人の応援を喜んでいると、不思議に大きくなってかえってくるものかもしれません。

だいたい僕は、おせっかい者と思われているようです。何を見ても、「関係ない」と見て見ぬふりができません。

よく、関西のおばちゃんで、人なつっこくておせっかいな人がいますが、きっと、ああいうタイプなんでしょう。

まちがいなく「オヤジ」ではなく、「おばちゃん」型です。

だから財布をクーポン券やらレシートやらでパンパンにしているおばちゃんのように、ふくらんだ名刺入れを持ち歩いているのです。

「できない、できない」が自分をダメにする

足りないことがあるからこそアイデアが生まれる

僕の店のシェフは、名だたるホテルで修業を積んで、名だたるフレンチレストランで腕を磨き、フランスにも自費で二回修業に行ったというほどの、バリバリのフレンチの料理人です。

そんな彼には、自分なりの目標設定があります。職人という方向性です。

うちに来た当初、彼は、フレンチレストランで修業していたときの記憶、フランスに行ったときの記憶を、あたりまえのようにクロフネでも再現しようとしていました。

彼は、「自分のあたりまえ」を、当然「みんなのあたりまえ」だとして、スタッフにも要求しました。

自分の記憶を、スタッフに当てはめたといったほうがいいかもしれません。しかし、客層、単価、キッチンの大きさも、ホテルやフランスとは違います。当然ながら、そのとき彼が要求したものと、スタッフの価値観との間にギャップが生じてしまいました。

じつは、今後事業を展開していくうえで、どちらかというとクオリティの高さ、そして精神性の高さを求めるということが僕のねらいだったのです。だからこそ、その距離感を縮めたくて彼を連れてきたのでした。いわば新しい風を店に入れたのですから、多少波風が立つのは承知のうえでした。

「○○だからうまくできない」

「こんなことはフレンチではしない」

悩んでしまった彼を、僕は自分の講演会に誘いました。料理人とはまったく違う世界に生きている人たちの前で、店とは違う一面で話をしている自分の姿を見せようと考えたのです。

職人として生きてきた習慣や常識とは明らかに異なる現実を目の当たりにしたことで、新しい風が彼自身の中にも吹いてきたようです。そうして、徐々にではありますが、僕との接点が少しずつ、いろいろな面で生まれていきました。

僕は彼に、うちはコースで七千円、八千円、一万円、一万二千円……という料理をあたりまえにやっていく店ではないから、ひとりあたりのお客様の平均単価を三千五百円に設定したとして、その料金で料理を食べる喜びを、自分流に解釈して出すとしたらどんなことが可能だろうか、と質問を投げかけました。

あの講演会の場にいて、きみの料理に関心をもった人たちがきみの料理を食べたいと思って店に来てくれたとき、つまり一万二千円の料理を食べることよりも、三千五百円で料理を食べることに喜びを感じる人が来てくれたときに、きみなら何ができるだろうか、と聞いたのです。

あの笑顔や笑い声を聞き、きみ流のフレンチのアレンジをして、三千五百円で何ができるかを一度考えてみてくれないか、と言いました。

彼は一生懸命考えたようです。素材を吟味《ぎんみ》し、料理そのもののクオリティは落とさずに、今までのいわゆるフレンチの常識を覆《くつがえ》すようなレシピを考えに考えた末に、メニューは新しくゴロッと生まれ変わりました。

決まりきった常識や、思い込んでいたことも見方を変えて、上から見たり、下から見たり、斜めから、あるいはぐるぐる回って見てみると、意外なところから斬新《ざんしん》なアイデアがふわっと湧いてきます。

できない、不可能だと最初から決めてかかって同じ場所に固執していては、次の進歩は望めません。

「できない」と口にする前に、一度深呼吸でもして思考をやわらかくし、新たな切り口から中をのぞくことが、不可能を可能にする第一歩だと思います。

「よくうなずく人・ベスト5」になれ！

講演を聞きながらしっかり自己アピールできる

講演会に行って、その講師の話がすばらしくて、ぜひ知り合いになりたいと感じたことがある人は少なくないと思います。ただ、「こちらは聞いている側だし、なかなか簡単に知り合いにはなれない」とあきらめている方も多いかもしれません。

でも、講演する側からいわせてもらえば、興味をもって、一生懸命話を聞いてくださって、「うんうん」とうなずいたり、笑ってくださっている方には、必ず気づきます。

僕は講演をするとき、最初はだいたい全員の顔を見てしゃべっていますが、講演が進んでいくうちに、自然と目を合わせる人、合わせない人というのが出てきます。こちらの話によく反応して、しきりにうなずいてくれたり、笑ってくれたりする人には、こっちも自然と目がいきます。

何を考えているかわからないような無表情や、疑わしげに冷ややかな目つきでジーッとこちらを見ている人とは、なるべく目を合わせたくないものです。

全員が全員に、僕の話がウケるとは思っていないので、おそらくこの人は否定的に僕の話をとらえているんだろうな、この人とご縁が発生する確率は一パーセントもないんだろうな、などと考えます。でも、うなずいてくれた人とは、二〇パーセント以上のつながりはあるような気がします。

ですから、僕が講演会に行って、「ああ、この講師の先生と仲良くなりたい」と思ったら、一生懸命「なるほど、なるほど」とうなずいて、なるべく優しい目で講師を見て、そして笑うところはオーバーぎみに笑います。

そうすると、本当に講師は、僕のほうを見る回数が増えていきます。受講というのは、受け身となって聞く、一見インプットのみのものに見えますが、ちゃんとアウトプットすることもできるのです。

講演後の名刺交換も、やり方ひとつで自分をアピールする大きなチャンスになります。

講演が終わったあと、一番に講師のところに行くか、ひと並びしたあと、落ち着いたところで行くと、印象が残りやすいと思います。名刺交換というひとつの作業にもタイミングというものがあるのです。みんなで列をつくって並んで名刺を渡しても、相手にはあまり印象に残らないでしょう。

これは僕の経験ですが、名刺交換がひとしきり終わって、一段落したあと、ポツンと講師がひとりきりになることがあります。

「ちょっと寂しぃな」と思ったそのタイミングに、パッと名刺交換に行くと、「待ってました」という気持ちに講師はなるものです。そのタイミングを見計らって行けば、名刺交換のあともゆっくり話ができます。

僕は講演会のとき「よくうなずいてくれた人・ベスト5」を決めておきます。

そして、名刺交換をするときに、そのベスト5が来てくれたら、「ああ、僕から見て左斜め後ろのほうの席で、すごくうなずいてくれてましたね。よくわかりました」と言うと、向こうはすごく喜んでくれます。

「百人もいる中で、あなたはすごく目立った。これからも人の話を聞くときは、そうやってうなずいてくださいね」と言うのです。

「ああ、そういえば私、うなずいていたな」ということになれば、その人はこれからも人の話を聞くときは、うなずくようになるでしょう。受け身の講演会でも、自分をアピールすることができ、人のご縁を広げていけるんだということに気づいたのですから。

ハガキを書いて書きまくれ

初対面という「点」を、ご縁という「線」に変える

「新幹線友だち」のつくり方を最初のところでお話ししましたが、せっかく親しくなった相手と東京駅で「それではさようなら」は、じつにもったいない話です。僕は、せっかくのそのご縁を、こんな方法で持続させています。

まず、相手の話を熱心に聞くのですが、それもせいぜい浜松どまりです。浜松を越えたら僕の時間というわけで、今度はこちらがしゃべる番です。相手はその前に十分しゃべっていますから、聞く態勢ができあがっています。「なるほど」と熱心に聞いてくれます。

東京駅に着いたころには、お互いのことがかなりわかって旧知の間柄のようになっています。ほとんど百パーセントの人が、がっちり握手をしてきて、「これで、ご縁が切れるのは寂しいなあ。もったいない気がする。今度いつ会えるかな」とお

っしゃいます。相手が言わなかったら、こちらから言ってしまいます。そこで名刺交換をしたら、その日のうちにハガキを書きます。

この三年間、僕は名刺を交換した人にはすぐにハガキを書いてきました。「ハガキ道」という会を主宰している坂田道信さんという人からその話を聞いて、さっそく実行に移したのです。

「いいこと言うな」と思ったら即実行が、僕の信条なのです。なぜなら、今日できないことは十年たってもできないと思うからです。夢と同じで、そのうち、そのうちと思っていると、十年ぐらいすぐに過ぎてしまいます。

ですから、話を聞いたその日に、百枚のハガキを買って帰りました。簡単なようですが、実行できる人はなかなかいません。しかし、ハガキ一枚で来年が変わります。来年だめでも、三年後には絶対に変わります。

ハガキ一枚書けば、点が線になります。線になったら、がんばっている相手を応援したくなります。「がんばっているあいつに、あの人を紹介してやりたいな」と思うこともあるでしょう。知り合いから知り合いに広がって、線は面になるのです。面はやがて上へ下へとつながって、立体図形になっていきます。

そうこうしているうちに、想像しなかった未来が開けてきます。

たとえば、ある日、新幹線で足を踏んだ人は、日本航空の偉い方でした。それがご縁で、つまり翌日、ハガキを書いたことで、ご家族とのおつきあいも始まりました。そのうえ、いただいた優待券で沖縄に行ったら、そこで新しい知り合いができました。その方のご縁で大阪の人と知り合って、講演会に呼んでいただくようになりました。

そして、とうとう、上場企業の社長もたくさんみえる大阪ロータリークラブでお話しすることになってしまいました。このときは、さすがの僕も足が震えましたが、これもすべて、ハガキ一枚がつないでくれたのです。

同じハガキのつながりで、専門学校で話してほしいという話が来たこともあります。行ってみると、たばこは吸っている、携帯電話で長話をし、大声で笑っている、寝ている、僕が前に立ってもまったく無視というすさまじい教室でした。

自分にも覚えがあるはずでしたが、彼らと比べれば「謹慎処分の王者」といわれた僕なんてかわいいものだったと思えるほど迫力があり、ロータリークラブとは違う意味で足が震えました。しかし、ここでやめたら負けだと思ったので、気合を入れて一時間ほどしゃべりました。そうしたら最後には、じっと聞いてくれるようになりました。

「ええやっちゃな。この子たちは、がんばろうというベクトルがちょっと曲がっていただけなんやな」と思いながら話を終えたとき、いちばん悪そうに見えた男の子が飛んできて、「大人の話を聞いてはじめて感動した」と言ってくれたのです。

数多くの謹慎処分を受けた僕の話を、聞いてくれる人がいます。そのご縁も最初はちっぽけな点から始まったのです。飛んできてくれた彼にも、もちろんハガキを書けよと勧めておきました。

いつでもどこでも食べ物を調達できる人になる

風や水の流れを五感で感じとる

僕は子どものころ、家族に「ニワトリ」とあだ名をつけられていました。

夜九時になるとウトウトし、朝三時に飛び起きます。前日の放課後、罠《わな》を仕掛けておいた鰻を捕りに行くのです。

鰻捕りでは、その晩が月夜か闇夜かが大きな問題になります。闇夜で雲が多い蒸し暑い夜に、鰻は騒ぐのです。月夜の涼しい晩は鰻はじっとしていますから、罠を仕掛けても捕れません。

だから夜、罠を仕掛けようという日は、授業中もみんな窓の外の雲ゆきを見ています。

「今夜は闇夜や。このぶんだときっと蒸し蒸しするぞ」となると、終業チャイムが鳴ったとたん、わっと駆け出して、夢中になって谷に入っていきます。どんな鰻が捕れるか、子どもだけでなく大人も楽しみにしていたものでした。

僕は今でも、ときどき田舎に帰って昔のように鰻を捕っています。そして両親の顔を見て、流れる川を見て、空気を感じ、鳥の鳴き声を聞く……。

すると、ふと我に返るのです。そこに僕の原点があるのだと思います。

忙しい日々を送っていますが、その忙しさとバランスをとるために田舎に帰るのかもしれません。鮎を捕ったり、鰻を捕ったりという流れの中で生きていること自体が、ものすごく幸せだなと感じます。

子ども時代はまた、山の暮らしを知っている近所のおじさんたちに、「生きていくための知識」を教わりました。ナタと小さな刃物、飯ごうに少量の米、みそ、塩としょう油があれば、今もゆうに三日は山にいられます。

僕は、究極的には食べ物をとってくることができる男が本物の男だと考えていて、最終的にカッコいい男もそういう男だと思っています。

好きなだれかのために食べ物をとってこられる気概が、男の魅力でしょう。お金をもっている人でも、たくさん稼ぐ人でもないと思います。

たとえば世の中の経済が大変なことになって、暴動が起きて物の奪い合いが始まれば、食べ物をとれる人間しか生き残れないんじゃないかと思うのです。

僕は鰻も鮎も捕れるし、鳥も捕る、山菜もいけますから、どこででも生き抜く自信はあります。

だから、周囲の男性を見ても「賢いかもしれんけど、あんた賢いだけで、山で生きていかれへんやろ」とか、「資格もってるかもしれんけど、そんなん意味ないで、世の中引っくり返ったら」などと思い、外見や肩書に負ける気がしないのです。

先日、いとこの子どもの小学生を山奥に連れていって、サバイバルキャンプのようなことをしました。

源流が流れる谷があるのですが、靄《もや》がかかっている早朝には、野生のシカやサルがやってきます。彼らは人間をよく知らないので最初は逃げますが、服を脱いで裸になって近づいていくと、だんだん逃げなくなります。

それから、夜は星を見ながら一緒に寝て、夜中は野生動物が寄ってこないようにガンガンに火をたきつづけます。僕らの食べ残しの匂いにつられて、タヌキやキツネがやってくるのです。

火があるのでそばには来ませんが、互いに争ってケンカしている声が聞こえたりして、めちゃくちゃ怖いのです。こんなとき、やつらに「五百万円やるからあっちへ行ってくれ」と言っても通用しません。

やがて、いとこの子どもがポツンと言いました。

「ここには百万円あったって、意味がないんよな。燃やしても、ちょっとの間、暖かいだけや」

夢はとことんリアルに描け！

磁力のある目標にたどりつく欲望ムクムク想像術

僕の店でアルバイトをしていた大学生に、なぜバイトしているのかとたずねたところ、「お金が必要なんです」と答えが返ってきました。

それはそれで立派な理由ですが、お金を儲けて何をするのかと聞くと、「彼女を車に乗せてスキーに連れていきたいので、車を買うお金を貯めたい」ということでした。

僕はそこで、車がほしいと漠然と思っていても、なんとなくバイト代を使ってしまい、車を買うという自分の夢を見失って、年月を浪費することはよくある話だから、目標設定をきちんとしたほうがいいだろうとアドバイスし、彼に紙と鉛筆を用意させました。

漠然と描いている夢を、明確で具体的、しかも肯定的に考えられる目標に変えるのです。

まずは車の種類を書くことから始めました。四駆、トヨタのサーフ。二八〇〇cc

のディーゼルターボ。紺とシルバーのツートンカラーで、キャリアは後ろに立てるタイプ。BGM。黒いドリンクホルダー……。

今まで漠然としていた夢を、リアリティあるものにしていきました。

次に場面をイメージします。

選んだBGMをかけながら高速を走り、隣には彼女が座っていて、黒いドリンクホルダーからお茶を取って飲む。早朝ゲレンデに到着し、リフトが動き出すまでの時間に、二人で毛布にくるまる……。

ここまでくると、彼の頭の中にとてもリアルな映像が駆けめぐります。

最後の目標にたどりつきたかったら、目標を具体化したうえで、そこに本能をくすぐることをちょっとだけ付け足しておくと完璧です。

そうすると絶対に達成したくなります。それが磁力となって、あとはそこへ向かってただ突き進んでいくだけということになります。

次にサーフの写真の切り抜きを、寝室、トイレ、洗面所といたるところに貼るように言いました。

切り抜きを目にするたびに、二人が毛布にくるまっている映像が浮かび上がり、彼はその強烈な磁力のおかげで、友人の遊びの誘いも断れるようになります。

それからサーフの価格を調べて、頭金などの購買計画を立てるように言ったところ、彼は翌日やってきて、「来年の今日買います」と宣言したのです。

そして翌年のその日、彼は思い描いていたとおりのサーフを、いちばん先に僕に見せに来てくれました。

目標を手につかむとは、こういうことです。

みんな目標はあります。でも、みんなが吐くセリフは「そのうち」という言葉です。そのうち暇になったら、そのうちこうなったら、そのうちお金が貯まったら……と、みんな自分に嘘をついて、そのうち、そのうちと先延ばしにしています。

ところが彼は、「今」ある情報の中から具体的な目標設定をし、さらにそこに毛布にくるまる二人という、きわめて肯定的なイメージを植えつけることで、目標に磁力がつきました。だから目標を、確実に手に入れることができたのです。

ただ一緒にスキーに行きたいなという気持ち以上に、二人で毛布にくるまるという、一途な本能をドカンと揺さぶるような、リアルな夢がものすごい刺激になったわけです。

それが強烈な磁力となって、モチベーションを高め、夢が現実のものとなったのですから、このちょっとエッチな気持ちこそが、じつはモチベーションのコアの部分だったのかもしれません。

マイ・おちょこで飲みに行く
人とつながる小道具にも物語がある

第1章に書いたとおり、僕は毎年、竜馬の命日にはゆかりの地を旅することにしています。

三年ほど前には、山口県の萩へ行きました。萩は、ご存じのように明治維新のころ、吉田松陰、高杉晋作、木戸孝允、伊藤博文などを輩出した地としても有名で、竜馬もたびたび足を運んだところです。

街のそこここを、竜馬を偲びながら歩くうちに、おなかがすいてきました。おいしいものを食べるのも楽しみのひとつなので、僕は観光協会に入りました。

「このへんに、どこかおいしい昼飯を食べさせてくれる店はないでしょうか」

窓口の人は、怪訝《けげん》な顔で僕を眺めて、「ご法要か何かで、お食事ですか？」と逆に質問してきました。

それもそのはずです。竜馬の命日だからといって、僕が喪服を着ていたので、「なぜお葬式帰りの男が、のん気に観光協会にやってきたのだろう？」と不思議がられたのでした。

「じつは毎年、竜馬の命日には……」などと話しはじめたら、なんだかおもしろいやつが来たと、奥のほうからもわらわら人が集まってきてしまいました。ここでまた、ご縁がひとつできたわけです。

始まりは一人旅でも、僕は必ずだれか、話し相手を見つけ出してしまうのです。

さて、「僕は以前から、いいおちょこがほしいと思って探していたのですが、どうも手になじまないというか、しっくりこないんです。名産の萩焼で、いいものを売っているところはないですか」と言ってみると、さすが観光協会の人たちです。萩焼の人間国宝のお弟子さんがいるから、案内してあげましょう、と親切に言ってくれました。

「いくらぐらいのが、ほしいの？　三千円、五千円？」

僕の年格好を見たら、せいぜいそのくらいだと思うでしょう。でも、気に入ったものを一生使いたいから、思い切って張り込もうと考えていたので、「一生ものですから、十万円くらいまでなら」と言いました。

窯元に行って、いろいろ説明をしていただきました。萩焼は茶人のあいだでは「一楽、二萩、三唐津」などと高い評価を受けているものだといいます。使うにつれて、「萩の七化け」といわれる茶渋による色の変化が出てくるのが有名で、使い込んでいくと三十代の色、四十代の色が出るそうです。

ご縁があって、いいおちょこにめぐりあった僕は、宝物のようにおちょこを抱えながら、さっそく飲みに行きました。

以来、僕はいつでも、このおちょこと一緒に飲みに行きます。

店によっては客のお好みで、おちょこやぐい飲みを選べるようになっているところもあります。「いえいえ、僕はマイ・おちょこ持参ですから」と自慢したいのを抑えながら言いますと、「へえ」と感心され、「萩焼なの?」から始まって、「どうやって手に入れたの?」と、またここから話がはずんでいきます。

人と話をするきっかけとなる「小道具」はいろいろありますが、ただモノを用意

するのはつまらないし、味がない。

自分なりの「マイ・ストーリー」がこめられていたほうが、テクニックに走らず、相手もこちらも、ちょっと「ほっこり」できると思うのです。

五千円の車もベンツも乗りこなすギャップを楽しめば自分の幅は無限に広がる

人間とは弱いもので、多少のお金が貯まると、使いたくなってきます。

でも僕の場合、使いたい欲望よりも、田端社長にたたき込まれた生き方の哲学のほうが強く心身にインプットされていましたから、わき上がる欲望を抑えることができました。よれよれのTシャツを着ていても、目標をもつほうがカッコいいと思えたのです。

身なりをよくすることや、ブランド物を手に入れることが男のカッコよさではないと、田端社長にはくり返し言われました。だから、他人と同じことをやるのは、カッコ悪いことであるという意識がいつも働いていました。

人間のたいていの悩みは、自分と他人の比較から生まれるのではないでしょうか。僕は人と比べるのはものすごくつまらないことだと思っていますし、人との競争の中で生きていたくはないのです。

時計や服、持ち物にも贅沢《ぜいたく》はしません。「おまえはいいな」と人をうらやんでいたら、自分の生き方ができなくなってしまいます。

二十代の前半、同級生たちはムリをしていい車を買っていました。横に彼女を乗せるのが目的だったようですが、僕だけは、「歩こう」と考えていました。家も同じです。伊勢に戻って一号店のバーをやっていたころは、人の家の長屋を、一万八千円で借りていたのです。

いくら地方でも、これは安い！

トイレは水洗ではなく汲《く》み取り式。風呂はもちろんありませんから、毎日洗面器を持って銭湯に寄ってから店に行っていました。

「この部屋から出たら僕はだめになる」。なんとなくそう感じていました。

もうひとつの大きな夢が叶うまでは、この部屋で、天井の節穴を数えながら暮らそうと思っていました。

そういうわけで車を買ったのは、二十四歳のときでした。店は大繁盛し、財布の中にはたくさんのお金が入っていましたが、意地でも高い車は買うまいと思って、友人の廃車寸前の車を五千円で買いました。

十三年落ちのコロナで、窓ガラスが一枚割れていました。段ボールを当てがって、ガムテープを貼って、防水スプレーをかけながら一年乗りました。

その五千円のコロナの次は、五万円のレヴィンに乗りました。次が五万円のセリカで、それから十万円のセドリックに乗りました。次はどうしよう、と思ったとき、ベンツを買いました。

そろそろいい車を……と考えたのではありません。始まりが五千円のコロナなら、そろそろドカンと高い車に乗って、そのギャップを楽しんでみようと思ったのです。

どんな車にもこだわらず乗れる男がカッコいいし、自分の幅も広がるはずです。

僕はそんな男になりたいと思っています。

第5章

人を育てるとは自分が育つこと

中村流・人と組織のつくり方

いいリーダーの条件は、なまけ者

任せきったほうが、自分にも相手にもプラスになる

僕がもともとなまけ者で、楽をしたい性格だからというわけではありませんが――、と書いてみたら、「いやいや、じつはそういう性格だからいうんとちゃうか」と、別な自分が言っているので、そのとおりということにします。

でも、僕は本当に、社長やリーダーの条件の筆頭は「なまけ者」であることだと思っているんです。

少なくとも僕の経験では、スタッフに仕事を百パーセント任せてしまったほうが、いい結果が出ます。大変なプレッシャーになるのかもしれませんが、逆に「ここまで任されるのなら、自分の力を全部出しきってがんばらなければ」という気持ちになるからでしょう。

だいいち、そのほうが上の人間は楽。自分は楽をして、いい結果を出してもらえるのなら、こんなにいいことはありません。当然、部下に対する信頼も高まり、その信頼感が人間関係の強いパイプになるのではないでしょうか。

とかく社長やリーダーというのは「自分は偉い」「おれはまわりの人間とは違うんだ」などと思ってしまいがちです。

「偉い」というのはどういうことでしょう？　何を基準にして偉いとか偉くないという判断ができるのでしょう。そんなこと、どうでもいいことです。

「自分は偉い」と思い、周囲と一線を引いてしまうと、まわりの人間との関係を築き上げることができなくなってしまうのではないでしょうか。そんな社長が、部下と気持ちをひとつにして仕事を成しとげることができるとは思えません。

僕はいくつになっても、何年たっても、まわりの人間に気楽に話しかけ、信頼し合える自分でいたいなと思っています。

僕はもうひとつ、「楽」ということも、とても大事だと思います。

何をするにも、「自分の主義主張でやっているんだ」とか、「正義のためにやっているんだ」と大義名分を掲げるよりも、「こうするのがいちばん楽だからやっているんだ」という考えでいることが何より自然で、楽なことです。

そして「楽」ということは「楽しい」ことにつながると思います。

仕事などでややこしい話になってくると、僕はよく「損得勘定で考えてみよう」

と言います。「損得勘定で得だと思ったら、楽しくやれる」という考えなのです。

たとえば、店で食材を農家に買いつけに行かなくてはいけないとき、もちろん面倒くさい。しかし、損得勘定で考えると得だから、買いに行こうという話になるのです。

得ということは、売り上げも伸びて、給料にも貢献でき、みんなにとってうれしい話です。従業員の損得勘定、会社の損得勘定、双方とも得ならば、がんばろうという気持ちになるでしょう。

この話を逆に考えると、友人、家族、恋人など、損得勘定ができない関係こそ、意識的に大事にする行動をしなければなりません。「わかってくれるはず」の手抜きは禁物です。

仕事をするうえで判断しなければいけないタイミングは数多くあると思いますが、このように損得勘定で考えるとわかりやすいと思います。

たいていの会社には、社是、社訓、経営理念とか、経営計画書などがあって、なにやら難しい文章で書かれています。そんなもので経営を判断しようとしても、自分たちの日常の中にイメージできるものがなかったら、意味がないでしょう。

社長が偉そうに、立派な言葉を使って、すばらしい理念をつくっても、社員一人ひとりに伝わるものがなかったら、なんの価値もありません。

社長こそ、楽しく、楽でいようではありませんか。それが社員を引っぱる力になるのですから。

勤勉な人は成功しない

体をこまめに動かすだけの人は、知恵を働かせないもの

店の中に、お客様が忘れていった携帯電話が落ちていたとします。閉店して、スタッフは後片付けや掃除に忙しい真っ最中です。

あなたが店長だったら、どうしますか？

携帯電話は、ただ拾えばいいというものではありません。人によっては、明日から仕事にならないくらい困りますし、「どこに落としたかわからない、悪用されているのではないか」と心配でたまらなくなる人もいるでしょう。

どうにかして、落とし主がだれなのかを知り、その人に連絡をつけて、場合によ

っては届けてあげなくてはいけません。

親切でよく気がつく、普段から勤勉な人なら、「スタッフは忙しそうだから、店長の自分がそれをやろう」と思うでしょう。

しかし、これが落とし穴なのです。

体をこまめに動かすだけの人というのは、じつは知恵を使っていない人なのです。

前の項目でお話しした、いいリーダーの条件はなまけ者という話にも関連しますが、リーダーは体でなく、頭を使うべきなのです。むやみに自分が動いてはいけません。

じっと座って、スタッフに処理させている店長は、一見、横着で何もしていないように見えます。しかし、頭の中は人一倍忙しく動いていなければなりません。

店の後片付けや掃除に手抜かりなく、同時に明日の仕込みも完璧にしながら、お客様に失礼がないように携帯電話を届けてもらうには、スタッフにどのような指示をすればいいのか。しかも、忙しい最中にもうひとつ仕事を増やすわけですから、スタッフに気持ちよくやってもらうには、どう頼めばいいのか。その方法を考え、実際に指示を出すのは、店長が自分自身で携帯電話の処理をするより、ずっと大きな労力なのです。

いかに楽をするか考えることは、効率を考えることでもあります。ムリ・ムダ・ムラをなくして小さな労力で大きな効果をねらうには、体でなく頭を働かせなくてはいけません。

僕は子どものころからじっとしていられない性分なので、つい、体が動いてしまう癖があります。体を動かすだけで何かをやった気になって、満足してしまうのです。

しかし、自分ひとりで処理してしまうと、結局、スタッフに何も学んでもらえないことになってしまいます。それは、いかにも、もったいない。

「落とした携帯電話がきっかけで、このお客様にリピーターになってもらえるんや」と、ヒントだけ出して、スタッフみずから考えてもらうほうが、お互いの財産になります。

「本日、トマトサラダはありません」

すべてのメニューは畑の都合が原理原則

お客様に喜んでもらいたいのはもちろんですが、僕の店ではとくに季節感を大事にしていこうと思っています。

お客様に「トマトのサラダ、ないですか」と言われても、「申し訳ありません。今、トマトは旬じゃないですから」とお答えすることがあります。

「ハウスでつくった季節はずれのトマトなら一年中スーパーで買えるかもしれませんけど、畑の都合でうちはメニューを組んでいますので、すみませんがご用意できないんです」とお話しすると、お客様も「そうなんだ、トマトは今、旬じゃないんだ」とはじめて気づかれるのです。

決してズボラでトマトを仕入れないのではなく、お客様にその季節でいちばんおいしいものを召しあがっていただこうという、ポリシーからやっていることなので、ちゃんと納得していただけます。

やがて、(株)ティアの元岡社長に教えられて無農薬の有機野菜に関心をもつようになった僕は、見かけに惑わされてはいけないということを改めて認識するようになりました。

野菜が体をかたちづくるひとつの要素だという原理原則を突き詰めてみたとき、見た目のきれいな野菜のインチキさに気づかされたのです。

だれでも同じだと思うのですが、目の前に曲がったセロリとまっすぐなセロリを並べられたら、つい、まっすぐでスマートなセロリのほうに目がいきます。

しかし、ここでセロリの原理原則を考えてみるのです。自然のままに置いておいたら、セロリがまっすぐに育つはずがありません。トマトも同じで、冬にトマトができるのは、原理原則に反していることになります。

さらに、野菜や食べ物が人間の体をつくるという原理原則を考えてみます。ちょっと本を読んで勉強してみたところ、人間の体の七〇パーセントは水でできていて、それは地球と同じだということです。地球の七〇パーセントが海で、三〇パーセントが陸なのです。

海水の塩分濃度と、人間の血液や羊水の塩分濃度がほぼ一致する点など、原理原則を突き詰めて考えれば、人間は、自然の一部にすぎないことがわかります。不自然な育てられ方をした野菜が、人間の体にいいはずはありません。

現代人は、年間平均して四キロくらいの食品添加物をとっているそうです。食品添加物は不自然なものですから、ふつうに消化して排泄《はいせつ》されることはありません。体の中に、蓄積されてしまうのです。

最近聞いた怖い話ですが、葬儀屋さんで使うドライアイスの量は、年々減っているそうです。蓄積された添加物のために、人間の体が、腐りにくくなっているのです。

すべてのメニューは畑の都合、それが僕の店の原理原則です。

漁師を港で待ち伏せろ

魚一匹へのこだわりで、どんな店でも「ブランド」になれる

できるかぎり、無農薬で自然栽培の野菜を使っているように、僕の店では、魚にもこだわりがあります。

毎日、午後三時に鳥羽の港へ、スタッフが直接買いつけに行きます。漁師が港に

帰ってくるのを待ち伏せて、本来なら翌日市場に出るはずの魚を、その場で仕入れるのです。

旬の魚を選ぶことはもちろんですが、同じ旬の魚でも小さくて量が少ないものだと、とても安く仕入れることができます。そういう魚はソテーはムリでも、煮込み料理には十分おいしく使えます。

原価が安かったぶん、お客様にも安くお出しすることができますから、おいしさと安さという二重の満足を味わってもらえます。

商売は、ただお金儲けのためにやっても、お客様を満足させることはできません。その店の哲学というか、提供するサービスに揺るぎのない自信があってこそ、お客様も、店のスタッフも引きつけることができるのです。

港で漁師から直接買った魚には、それを捕ってきた漁師のストーリー、待ち伏せて仕入れたスタッフのストーリー、「今日はこの魚をこう料理しよう」と腕を振ったシェフのストーリーもこもっていきます。

そのストーリーをお話ししながら料理をお出しすれば、うちの店の哲学のようなものも、一緒に味わっていただけると思っています。

このあいだブライダルのお客様から、ハリー・ウィンストンという宝石店の話を聞きました。ダイヤモンドで有名なこのお店は、ニューヨークの五番街に本店があり、極上の宝石のみを扱う宝石店の最高峰なのだそうです。

お客様は銀座にある日本支店に婚約指輪を買いに行ったそうなのですが、ここは品物を陳列棚に飾って売ったりはしていません。一日十組くらいの完全予約制で、ようやく予約が取れて店に入れてもらえても、商品を見せられる前にお店の歴史をえんえんと聞かされたといいます。

初代のハリー・ウィンストンという人はこういう人物だった。二代目はこうで、現在の三代目はこうだ……。歴史の話が終わっても、指輪はまだ出てきません。裸石をもってきて、今度は透明度やカラットについての説明をじっくり受けたそうです。

その後、お客様がようやく予算を伝えると、「二週間後にまたいらしていただければ、婚約者様にぴったりのものをご用意させていただきます」という話になりました。

二週間後にお店を訪ねたとき、はじめて指輪を見せてもらえたそうです。予算もちょうどよく、婚約者の彼女に、サイズはもちろん好みもぴったりだったといいます。

「ブランド」という言葉のもとの意味は、「お客様との約束」なのだそうです。

自分たちが胸を張ってお客様とどんな約束を交わすのかが、大切なのでしょう。

一流ブランド店の話と僕の店とでは一見、まったく違うようですが、特別のものを哲学をもってお客様に提供するのがブランドならば、本質は同じです。どんな店でもブランド店になれるはずだと思うのです。

掃除は裏口からする

裏方の仕事に目が届かない人はリーダー失格

僕はいろいろなところで、店に来てくれる業者さんが、「出入りの業者」などという言い方で邪険《じゃけん》に扱われるのを見てきました。業者さんは店のスタッフをお得意さんだと思ってくれているので、「ちょっとあとにして」などと言われても、ずっと待っていてくれたりします。ありがたいことです。業者さんが品物をもってきてくれなかったら、商売ができません。ですから、むしろ感謝しなくてはいけないのです。

その気持ちを表す意味でも、僕は店のスタッフに、掃除をするときは業者さんの出入り口を、いちばん最初に掃除するように言っています。

さらに、「暑いなか、ごくろうさまです。麦茶の一杯でもどうぞ」とか、「どうぞ顔を拭いてください」とおしぼりを渡したりしています。そうなると、業者さんも、あそこに行って、ひと息つくのが楽しみだ、などと思ってくれるのではないでしょうか。

何度も言ってきましたが、この世の中、人と人とのつながりで成り立っているのです。業者と取引先の関係で終わるか、さらに人と人とのつながりになるかは、こんな心構えひとつなのではないでしょうか。ビジネスをとどこおりなく進めたいだけならば、前者の関係でもこと足りるでしょうが、それだけで終わらせたくないならば、業者さんにも感謝の気持ちをもって、人と人との関係を深めていくといいと思います。

聞いた話ですが、僕が以前、アルバイトに行っていた一流ホテルの副社長さんは、掃除のおばさんを大事にしている方で、必ずおばさんに「ごくろうさま」と声をかけていたそうです。さらに、自分がトイレで手を洗ったあとなど、まわりに飛び散った水滴を必ずきれいに拭いていたといいます。

なんでも、あの昭和の名宰相・吉田茂がホテルに滞在していたとき、だれも見ていないところで、まわりの水滴をみずからていねいに拭いていたのを見て、まねをするようになったのだとか。

きれいに使うこと、きれいにしてもらうこと、お互い助け合い、感謝し合うという気持ちだったのではないでしょうか。僕の友人は、いつもビルの共有スペースの掃除に来るおばさんに「大変だね」と声をかけていたら、内緒で自分の事務所内の掃除もしてくれるようになったと話してくれました。

見返りを期待して声をかけるわけでは決してありませんが、感謝の気持ちを表すと人との関係ができて、次につながっていくのだと思います。

第一印象の悪いお客様をねらえ！

どんな人でも、いい常連さんにできる

　僕くらい、いろいろなタイプを受け入れる人間でも、「この人、第一印象が悪いな」というお客様もいます。

　ちょっとしたものの言い方にトゲがあったり、妙にからむような飲み方をしたりして、なんとなく避けられていく人です。

　いくら客商売でも、スタッフだって人間です。

「今日は寒いですね」と言っても無言で反応してくれないお客様や、「本日のお勧めは、この魚のカルパッチョですが、白身はお好きでしょうか？」とメニューの説明をしても、こちらの話を全然聞いてくれないお客様がいたら、どうでしょう？

　いくらお客様でも、そういう態度では顰蹙《ひんしゅく》を買って当然です。

　でも、そんなお客様がいらしたら、僕は「チャンス到来！」と思うことにしています。なぜならば、僕が見てもいやな人だということは、だれと会っても、どこの店に行っても嫌われているということだからです。

僕の店に来てくれたのも何かのご縁だと、誠心誠意のサービスをすれば、僕の店はその人にとって、たちまち特別な存在になれるのです。

うちで居心地のいい思いをして、「よその店では、みんなに冷たい態度をとられるけれど、ここだけはほかと違う、話ができそうや」と感じてもらえればしめたものです。

おそらく、何回も来てくれて、そのうち常連さんになり、だんだんに心を開いてくれるでしょう。

「他人と過去は変えられない」といいますが、相手にあれこれ望むことがムリならば、自分が変わればいいのです。自分が相手に合わせてあげればいいのです。

相手のためだと思ったら、できません。しかし、「これは自分という人間がもう一歩上に上がるためのハードルを越えるチャンスだ」と思えば、案外、できてしまうものです。

優しさ、いたわり、わかちあい、そういうものを届けて届けて届けつづけて、五回やってダメなら十回、十回やってダメなら二十回と、その人に届けつづけます。

それでも相手が変わってくれないこともあるでしょう。でも、自分自身は、きっと変わっているはずです。これまでできなかったサービスも、できるようになっているかもしれません。

どんなお客様も、無駄なご縁でうちの店の回転ドアをくぐってきたりはしないのです。

相手に逃げ道をつくってから叱る

自分が正しいと思うときほど、優しくする

こんな経験はありませんか。

夫が仕事から疲れて帰宅して、ホッとしてナイターを見ながら夕食をとっていたとします。そこへ日中ずっと忙しかった妻が、わざとではないけれど、コップを夫の前に無言でガン！　と置く。夫は腹が立つわけです。

「おまえ、ドンと置かんでもええがな。割れたらどないすんねん！」

もちろん、妻も悪気があったわけではないけれど、夫の言うことは正しいですよね。

しかし、この言い方だと、そのあとの展開は目に見えるようです。妻も、「そんなこと言わなくたってわかってるわよ!」などと反撃に出て、売り言葉に買い言葉になるでしょう。たいていの人が、口論を始めてしまうと、その議論に勝ちたくなってしまって、譲れなくなるものです。

僕にはよくスタッフにも言っていて、夫婦ゲンカのときも常に頭に置いていることがあります。正しいことを言うときには、相手に逃げ道をつくってあげるということです。

自分が正論でかためればかためるほど、相手に逃げ道がなくなるのは明らかです。「私が悪かった。申し訳ない」と非を認めて素直になれるほど悟りをひらいている人間は、そうはいません。相手も反発してしまうでしょう。

だから、自分も腹が立っていたとしても、頭のチャンネルをカチカチと変えるのです。

コップをドンと置かれたとしたら、頭のチャンネルを変えて、

「ああ、コップさん~、割れなくてよかったねぇ」

なんて、言ってしまえばいいのです。相手も怒る気にならなくなります。

お店の話だと、たとえば、女性スタッフが香水をきつくつけてきたとします。

「レストランで働く人間なら、そんなものつけてくるな！」

こう叱ることもできます。でも、それはあまりにストレートな正論です。

女性スタッフは謝り、香水をおしぼりか何かで拭くかもしれませんが、接客のときの笑顔は消えてしまうかもしれません。

だったら、「おっ、今日はなんか、ぷーんとええ匂いがするなあ。どうしたん？」と笑顔で言ったほうがいいのです。相手が僕のその言葉の意味をちゃんと考えて、「あっ、香水がきついですか？ ちょっと首筋、洗ってきます」と自分から言ってくれるようにしたほうが、お店の空気はグッとよくなります。

女性には弱みを見せて応援してもらう

男性スタッフと女性スタッフで指導法は違う

僕の店にも男性スタッフと女性スタッフがいますが、みんなを一緒くたに指導して、いい仕事をしてもらおうと思っても、うまくいきません。

やはり、男性と女性の違いというのはたしかにあって、その違いを的確につかんで、指導方法を変えることが大切なようです。

男はどんなに若くても、自分が働いてだれかを食べさせたいという本能がどこかにあります。だからいい仕事をしてもらいたいなら、課題を与えて任せてしまうのです。

その人を認めてあげて、応援するのです。そうやって、自分の価値を見つけると、男というものはがんばります。

そして彼らにとっての社長はどうあるべきかというと、「おれは強い、おれはおまえたちが勝てないくらいのスーパースターだ」という存在になる必要があります。すると、修業時代の僕もそうでしたが、あの人に近づこうという気持ちになれるのです。

人との関係は、安心・信頼・尊敬をへて深まっていくそうです。

すぐにだれとでも知り合い、仲良くなるには、絶対的なポイントがあります。「安心できる人間か」ということです。だから僕は、店の新人スタッフには裸の自分をできるだけさらけ出して安心させます。大事なのは、いつも笑顔でいることです。笑っている人間は、なんとなく安心できるな、と思ってもらえます。

安心の階段を上がったら、信頼です。この人は言ったことは必ずやるな、約束を守るな、裏切らないな、と思ってもらうのです。小さな約束でも、決してないがしろにしてはいけません。部下は、上司が忘れている言葉も覚えているものです。

最後にあの人すごいな、スーパースターだな、と尊敬してもらえれば、人間関係はさらに深く、揺るぎないものになります。

男性スタッフに対して僕は、この安心・信頼・尊敬の三つの階段を上がるようにつきあっていきます。お客様と店の関係も、安心・信頼・尊敬で深めていきたいと話します。

しかし女性スタッフは、まったく違います。

彼女たちには、母性本能があります。彼女たちにいい仕事をしてもらうなら、頼むことです。「僕たち男性陣はこんなところはイマイチ弱いんだ、女性の目線でサポートしてほしい」という感じでお願いするのです。

思い切って自分の弱いところをさらけ出すとさらに、女性は母性本能を発揮して、がんばってくれます。

彼女たちにとっての社長は、強い社長である必要はなく、弱い部分というか、がんばっているところを見てもらうといいのです。

女性はだれかの助けになっていることを喜べる体質だという気がします。「助けて」と言われると断れないのが、女性心理なのかもしれません。

「恋人を両親に紹介するときのイメージで……」

身近なヒントで、人を喜ばせる楽しさを伝授

お客様が「おいしかった。ありがとう」と言ってくださると、こちらは本当に「よかった、うれしい」という気持ちになります。

こういうことが積み重なってくると、「この人のために何をしてあげよう」という気持ちがどんどん高まっていきます。サービスの真髄というのは、そういう気持ちだと思うのです。

その意味で、クロフネの経営理念をひとことで言えば、「お客様に喜んでもらうことが、私たちの最大の喜びです」ということになるでしょう。

そういう理念を、スタッフに心の底からわかってもらうために、僕はいろいろなことを言います。

たとえば、若い女性スタッフには、こんな場面を想定して、お客様に応対してみるようにアドバイスします。

「恋人があなたの家にはじめて遊びに来て、両親に紹介するときのことをイメージしながらサービスをしましょう」と、僕は言うのです。

そういうとき、彼女はいろんなことに目を配らなければなりません。

自分の好きな彼氏がはじめて家に遊びに来る。そして両親に紹介する。

彼氏には、自分の両親のことを「いいお父さん、お母さん」と思ってもらいたいし、両親にも彼氏のことを「いい青年じゃないか」と思ってもらいたい。

それには、掃除ひとつとっても、玄関からトイレまで、目配りがいつもとは違ってくるはずです。お茶はどうしよう、出すお菓子はどんなものにしようとか、食事は何がいいかとか、座る位置はこれでいいのかとか、部屋は寒くないか暑くないかなどと、事前にいろいろ考えると思います。

実際に対面するときも、みんなの動作や、その場の雰囲気を敏感に感じとりながら、今やれる最大限のことをやろうとします。

人を喜ばせるというのは、そういうことだと思うのです。

彼氏がはじめて家に遊びに来て、両親に紹介するという状況をイメージさせると、十九歳の若い女の子でも、心のこもった一流のサービスがお客様にできるのです。

テクニックを頭から詰め込むのではなく、彼女にしかできないオリジナルのサービスが生まれるよう、引き出してあげるのです。

そして、それが実行できたら、すかさずほめて、認めてあげる。

「これはきみにしかできない、オリジナルの接客やぞ」

「あのお客様は次に来るときは、きみにサービスしてほしくていらっしゃるぞ」

といったぐあいです。

そうして、彼女にどんどん自信をつけさせて、この仕事にやりがいを感じてもらえれば、ますます努力してくれるようになると思っています。

仮免のまま、ドライブする?

自信のないタイプなら、「謙虚な姿勢で強引に」をポリシーにする

世の中全体が、だんだんにそうなってきているのでしょうか? 女性よりも繊細で、傷つきやすいタイプの男性がいます。

仕事のミスをしたとき、きつく叱ればへこんでしまう。もし、叱らなくても、ミスをした自分を自分で責めてしまい、くよくよと思い悩んでしまうのです。

自分の側に非があるのではなく、たとえば、業者さんの納品ミスなどでクレームを言わなければならない場合も、強いことがなかなか言えずに、困ってしまうタイプです。

そういった性格の人に、「おおらかに、タフになれ。がんばれ、がんばれ!」と励ましても、逆効果です。

かつて僕の店にも、そんなスタッフがいました。田舎に住んでいると車なしでは生活できませんから、彼は一生懸命、免許を取りに教習所に通っていました。

しかし、教官がきついもの言いをするのが怖いのか、運転そのものが苦手なのか、

仮免までは行くものの、二度、三度と試験に落ちてしまいました。

あるとき僕は、ちょうど買いかえたばかりの車に乗って、店に行きました。まじめな彼は、人より早く店に出て、店のあれこれの点検をしています。

「ちょっと時間があるんなら、新車に乗ってきたから、ドライブに行かんか」

僕が誘うと、彼はうれしそうに助手席に座りました。

「なんで横に乗るんや。運転席に乗ってくれよ」

彼はびっくりして、自分はまだ仮免なのだから、新車に社長を乗せて運転することなど、できません、ケガをさせてしまいます、と言いました。

「なあ、ケガをさせるときみは言うけど、事故さえ起こさなかったら大丈夫や。新車に人を乗せたら、すごいプレッシャーだろう。でも、きみみたいに慎重なやつだったら、大丈夫や。安全運転に決まってる」

僕はなんとかして、彼に自信をつけてもらいたかったのです。

結局その日は、彼の運転で駐車場をくるりと数回、回っただけでしたが、そのおかげかどうか、ようやく免許が取れました。

合格の知らせを聞くとすぐに、僕はまた彼を誘いました。今度は国道までドライブです。

伊勢の中でも比較的こむ道で、彼はなかなか車線に入れず、固まっています。僕はしばらく助手席に座っていましたが、やがてこう言いました。

「きみの謙虚なところは、ものすごくええと思う。どうや、いっそのこと、思いっきり謙虚な姿勢で、目いっぱいペコペコして、車を入れさせてもらえんやろうか」

すると彼はしばらくとまどってから、ウインカーを出すだけでなく、窓を開けて頭ごと外に出し、「すみません、すみません」と大きな声をかけはじめました。

そのうちに、優しい車がいたのか、なんとか割り込ませてもらうことができました。

すみません、すみませんと謙虚な姿勢で、じわじわ頭を出し、頭を出しすぎて叱られたら、またすみません、すみませんと謝ったらいいのです。

一見、ひかえめなようでいて、最終的にはそれで自分の意思を通してしまうこともできます。

謙虚な姿勢で、強引に。このやり方は、何も車の運転に限ったことではないと思います。

「やれなかった」は「やらなかった」

大事なのは、くり返しではなく積み重ね

僕の店では、「目標達成のためのミーティング」を毎週日曜日、深夜十二時半からしています。ミーティングの内容は、翌週の予約確認や各自の作業の確認、たとえばどんな料理を仕込むかとか、どんな仕事をいつまでにしておくかなどです。

そしておのおの、やらなければいけない仕事のほかに、全然関係ないプラスアルファの仕事をひとつずつもってもらっています。

たとえば、主婦のみなさんに定期的にメールマガジンを発信しているのですが、そのメールにどんな情報を載せるかを考えること、などです。

本職とはまったく違う仕事をみんなひとつずつもっているので、そのための用意をいつまでにするとか、そのためにだれと会い、その目的はなんなのかということもミーティングで発表していきます。

そして、それが予定どおり行われたのかという結果についても報告し合います。

忙しいなど、理由はいろいろですが、「やれなかった」ということのほとんどは

す。「やらなかった」ことです。その点もみんなで、内心冷や汗をかきながら確認します。

それから最後に、「来週の目標」を確認します。ミーティングはスケジュール管理のためではなく、目標管理のためです。この考え方は、LMP経営塾で教えてもらいました。

僕はスタッフの報告を聞きながら、「今、抱えている仕事は、現実的に目標にちゃんと近づいていっているの?」という確認を必ずしていきます。

なぜ、それぞれひとつずつ違う仕事をもっているのかというと、まずは視野を広げるためにです。それから、毎日がくり返しではなく、積み重ねになるようにするためです。

みなさんそうだと思うのですが、仕事というのは、毎日毎日同じことのくり返しなのではないでしょうか。

月曜日から金曜日まで働いて、土日に遊んで、また同じ一週間が始まる。それもくり返し。そして同じような一か月がまたくり返されていく。そして気がつくと三年たっていたけれど、同じことのくり返しばかりで「あんまりおれ、成長してない……」なんて思ったりしませんか？

　でも、本来はくり返しではなくて、積み重ねであるべきなのです。

　単なるくり返しのようでも、その中で技が磨かれていき、能力を高めていくでしょう。それが積み重ねです。

　積み重ねをしようとすると、その過程で必ず障害にぶつかります。その障害は次の景色を見るための障害ですから、乗り越えていかなくてはいけないし、そうするとレベルが上がっていくのです。僕は、そこを大事にしたいなと思っています。

　そして、乗り越える方法として、僕の独特の方法を紹介しましょう。それは、第2章でも挙げた恩人、「七人の侍」たちの顔と考え方を思い出すことです。自分の脳ミソだけで考えていれば、こんな小さな中村文昭脳しかないのですが、先輩、恩人の中でもとくに僕の尊敬する人たちの脳ミソを借りるのです。

　借りる方法は簡単です。顔を思い浮かべて、「あの人やったらこうするやろな」と想像するのです。

「システマティックに効率よく合理的にやろうとしたとき、あの人ならどうするのかな」とか、「突拍子《とっぴょうし》もない、アッと驚く解決策はないやろか。あの人なら、どういうふうに考えるかな」などとイメージします。

すると不思議とその人ならこうするだろう……という自分の脳では思いつかないことが、湧いてきます。

その経験一つひとつが、僕のレベルを少しずつですが、上げてきてくれたのだと思っています。

ときには人に百パーセント合わせる料理ひとつでも、人に選んでもらえば新しい味に出会える

僕は外で食事をすることがけっこう多いのですが、ふつうは当然、カツ丼と頼めばカツ丼、天ぷらと頼めば天ぷらしか出てきません。あたりまえのことですが、よく考えると芸がなさすぎます。寂しすぎます。

家のごはんや、母親がつくった料理は、つくる人間の都合に合わせてつくるということもあって、テーブルに座るまでわからない意外な組み合わせがあったりして、じつに楽しみなものだと僕は思うのです。

今晩のおかずは天ぷらとおひたしなのに、ひとくちぶん昨日の残りのカレーが出てきたりして、「なんやこれ」と思いながらも楽しんで食べられます。

そこで、僕はときどきこんな外食の楽しみ方をします。

自分で料理を選ばず、注文をとりに来たウエイトレスに、「今夜はあなた色に染まってみるわ。店のお勧めでなく、あなたが個人的に好きなものを選んでみて」と言うのです。

「えっ、いいんですか。本当に？　だったら、私はえーと、サラダはこれがいちばん好きです。あとこれ、これとこれが好きで」

「じゃあ、今言うたやつ、全部ね」と言うと、「えっ、そんなこと、私にプレッシャーかかるやないですか」と言いながらも、うれしそうにオーダーを通してくれます。

そして出てくるものを、ウエイトレスの彼女がおいしいと言っている理由はどこにあるのだろうかと考えながら食べると、これまた、じつに楽しく食べられるのです。

それにこういうふうに頼むと、自分が今まで食べたことのないものに出くわすんです。「えっ、これって、こんなにおいしいのか。この料理の仕方、案外いけるなあ」なんて。

自分でメニューを選ぶと、今日はちょっと変わったものを食べてみようかな、と思っていても、運ばれてきたものは、結局、変わりばえしない無難なものばかりということになりがちです。

彼女は料理をもってくるたびに「どうですか、お口に合いますか」などと聞いてくれます。僕は僕で、もってきてくれたら「ありがとう」、下げてもらうときも「おいしかったよ。あんたが言うてた、おいしいの意味がわかったわ。ありがとう」と「ありがとう」の連発になります。

彼女も、自分が選んだものをお客さんが喜んでくれた、この仕事をやっててよかったという喜びを感じるはずです。当然、次に行ったときは大歓迎してもらえます。

同じお客様相手の仕事をしていますから、たとえ自分の店のスタッフではなくても、サービス業の楽しさにひとりでも多くの人に気づいてもらえれば、僕も楽しくなります。

「お客さん」という立場で自分を印象づけることもできて、これもご縁につながります。

自分がおいしいと思うものだけを食べていたら、ひょっとしたら一生同じようなものを選んで終わってしまうかもしれません。

これは料理の好みだけに限らず、自分の世界を狭めることにも通じるでしょう。そして十年、二十年とたつうちに、そういう人間はきっと人から見ても魅力が乏しくなってしまうと思います。

人の言ってくれることに、「へえ、そうなのか。じゃあ、そうしてみようかな」と合わせていると、それこそ未知の世界が開けて、進化、進歩は無限になっていくように感じるのです。

自分自身の独自の好みとか、よくいわれるアイデンティティなどというものは、そのようにして十分に人の世界を受け入れ、自分の視野を広げてはじめて出てくるもののような気がしています。

「金魚のフン」より、「金魚」を目指せ

あやかり商法なんてつまらない

伊勢で経営している店は、伊勢神宮のおかげを大いにこうむっています。

先日、「掃除に学ぶ会」の全国大会が伊勢で開催されたとき、店に来てくれた元岡社長が言っていました。

「今日、お伊勢さんに参拝に来ていた人を見たか？　あの、一万人を超えるような人数の人たちが全国から来ているんだよ。なぜ、みんな来るんだろうね」

「砂利道を歩いて、パンパンと手をたたいて、お賽銭《さいせん》を放り投げても、願いが叶う約束なんか何もないのにね。きっと、伊勢神宮のブランドがそうさせているのだろうね」

「言葉に言い表せない、何か引きつけるものがあるんだろうね。あの中の十分の一でも、伊勢にクロフネがあることを知っていたら、きみの店は大変なことになるよ」

伊勢は、伊勢神宮のおかげで、それだけの人を呼べる街です。ですから、「あの

店は客を呼ぶためにこういう工夫をしているから、うちはこうしよう」などという近くの店同士の競争はしなくていいと元岡社長は言うのです。

せっかく店を経営しているのなら、「お伊勢さんのおかげです」と、金魚のフンみたいにお伊勢さんのあとをくっついていくことばかり考えるな、「クロフネに行きたいから、ついでに伊勢神宮に寄ってこよう」と言わせる店にしろというわけなのです。

つまり、隣近所や伊勢市内の小さな枠にとらわれずに、全国に発信できる誇りをもてということです。お客様にそんなメッセージを出せる存在になれるように、自分を掘り下げろということです。

現に、元岡社長の店「ティア」を目指して熊本に行く人は全国にいます。近くで伊勢神宮に匹敵するような人を呼べる場所といえば、阿蘇でしょうか。

たしかに、阿蘇は、「世界の阿蘇」といわれています。しかし、阿蘇からティアまでは車で一時間かかるのです。

それに比べれば、わが「クロフネ」は、伊勢神宮から、車で十分です。

全国から来ていただけるようにするための、工夫の仕方があるかもしれません。

「クロフネのついでにお伊勢さんへ」はムリとしても、「お伊勢参りとクロフネへ」と、せめて肩を並べる金魚ぐらいにはなりたいものです。

口ぐせは「大成功！」と「大丈夫！」

自分をとことん信じる人に、人はついてくる

僕は意識的に、自分をものすごい自画自賛タイプにしています。自分で自分のことを認めまくっています。何か大変なことが起きても、よかったとか悪かったとか悩むという感覚は、はるかかなたに捨ててきました。本当に、なんでもオッケーという感じです。

たとえば高校受験のとき、たぶん受かるだろうと思っていた高校の合格発表を見に行ったところ、自分の番号がないのがまったく不思議で、おかしいなと思って「あのう、番号ないんですけど」なんて聞きに行ったことまであるほどです。しかも「落ちたんでしょう」とあっさり言われたのに、「そんなはずはないんですけど」なんて言ってしまえるぐらい自己肯定的な人間です。

一事が万事そんな調子ですから、あるとき「あんたの口からは大成功しか出ないね」と言われました。「それは捕らぬ狸の皮算用というもんや。おまえぐらい確実にいいようになると思い込んでいたら楽でええよなあ」とよく親にも言われます。たしかに講演会の様子や仕事のことなど、何を聞かれても「大成功やった！」と連呼しているのでした。

僕はどういうことが起こっても、第三者から見ると、なんとなくうまくいっていないようなときでも、「大成功や！」と思えるし、わざと自分を鼓舞《こぶ》しようなんていう気持ちから口にするのではなく、本当に「大成功や」と思っているから言っているのです。

これから新たにやろうとすることに対しても、それがうまくいって、こんなふうにあんなふうに調子よくなるぞ、という肯定的な想像しかしません。

というか、そういう想像しかできないんです。

だから周囲の人が心配して、「ちゃんと準備はできてるのか？」と僕に聞いてくるのですが、そういうときも口ぐせのように、「大丈夫や！　計画どおり、こうなってこうなってこうなっていくんや、だから大丈夫、大丈夫」というセリフしか出てきません。

すんでしまったことは「大成功！」、そしてこれからのことは「大丈夫！」。

今いる自分を信じて、そして信じられる自分を肯定的に認めていれば、何事も「大成功！」だし、「大丈夫！」なんです。

この「大成功！」と「大丈夫！」の連呼で、店のスタッフや、家族や、友人知人、恩人、仕事相手を巻き込み、引っ張り込んでいけば、みんなのエネルギーが渦巻き、結集して、大きなうねりを生み出していく。

今までもそうでしたし、これからもそうありたいと念じています。

とにかく、でっかくでっかく生きろ！

だめでもくよくよ悩まない。次の「大成功！」は必ず見つかる
僕の口ぐせは「大成功！」に「大丈夫！」だと書きましたが、「大成功や」と言っていても、「大丈夫や」と思っていても、現実問題として、やはり全然うまくいかないということはあります。

以前、サラ金のハシゴをするほど経営に困ったときのことですが、不安な状況にいたたまれなくなった周囲の人間が心配して「どうなっているのか？」と聞いてきても「大丈夫や、絶対いける」と豪語していました。本当にそう思っていたので、直前まで絶対、大丈夫とさんざん言っていました。結局は行き詰まってしまったのですが、それでも結果は結果というふうにしか考えていません。

僕は経営面では、金銭的なことにはまったく関与せずに、共同経営者となった兄に任せてあります。兄も「おまえは外に出て、新しいところをガンガン開発していこうとしている人間なのだから、そんなチマチマした数字を見ていたらだめだ」という信念の人なのですが、その兄が先日、売り上げに関して不安を伝えてきたんです。

で、僕は例によって「大丈夫、まかしとき！　もうすぐ風が吹くから」と言いました。なんの根拠もありませんでしたが、今に風が吹くから大丈夫だ、と。

絶対大丈夫と信じていても、明らかに大丈夫ではない状態になることはあります。

そうした全然うまくいかないときはどうするかというと、そのときは「しゃあなかったな」というぐらいで、そのこと自体には一区切りつけて、これからやることに向かいます。

僕はだめだったことや起きてしまったこと、すでに結果が出てしまったなということに対していつまでも悩みつづけたりはしません。そのことについてはもうやりなおすことができないわけですから、あとあとまで悩んでいたって、どうしようもないことなのです。それどころか、悩む時間がもったいないと思います。

あれこれ悩むよりは、これからどうするかということに対して動きはじめます、また新しい「絶対、大丈夫」を見つけに行くのです。そして「大成功」に会いに行くのです。

これはダメだと確信したら、そのことはさっと見切りをつけて、いつまでもくよくよ考え込んだりせずに、自分を待っている可能性をつかまえに行く。

その生き方を、言葉と行動で周囲にわかってもらっていると信じながらやってきました。これからも、僕はでっかく生きていきます。

おわりに

「今日は、でやった?」と聞く母に、ご縁があって本を書くことになったと話しても、信じてくれませんでした。

じつは、これを書いている今も、疑われているままです。

「お母さんは、この目で見たことしか信じへん。

子どものころは遊びに行けば帰ってこない、学校時代は保護者呼び出しや謹慎ばかりで、やっと卒業かと思えば東京に飛び出したきり、音沙汰《おとさた》なし。

突然戻ってきたら、いきなり店を始めるだの、ブライダル事業を始めるだの、大繁盛でどないしようだの、店があぶないだの、持ち直してまた盛り上がっただの。

やっと落ち着いたと思ったら、おいしい昼ごはんが食べたいと言い残して北海道に行ってしまうし。電話がかかってきたから、おみやげに毛ガニを頼めば、今、沖縄にいるって言うし。

そうかと思えば突然、講演で全国を巡業しはじめるだの、次の年には講演を聞いたみなさんがマイクロバスを連ねて実家訪問ツアーにいらっしゃるだの、あの時はお母さん、なんのおもてなしをすればいいかわからなくて、人の家の炊飯器も借りてご飯炊いて、夢中でおにぎり百個にぎったんやで。スーツ着てなんかしてると思ったら、次の日はウエットスーツ着て、裏の沢で鰻を捕って、全身ヒルにかまれて血だらけになってるし。おまえがやっていることだけで、ジェットコースターに乗せられたみたいに目が回りそうやのに、妄想《もうそう》にまでつきあってたら、お母さん、身がもたんわ。おまえは、自信家でなく、過信家や！」

それでも母は、出版社の人に会いに東京に行ったと話すと、得意の煮物やら魚料理をいそいそと出しながら、「でやった？」と笑顔でたずねるのです。

「本屋さんで並んでるとこを見るまでは、信用せえへん」

そう言いながら、喜んでくれているのです。

親不孝の連続の僕が、ようやくちょっと親孝行ができたかな、とうれしいのですが、本を書いていくというのは、まったくはじめての経験で、勝手がわからないこともたくさんありました。

「はいはい、やりますよ！」と引き受けてしまったものの、「こんな方言だらけの、簡単な原稿でええんやろうか」とか、「新幹線で足を踏む話に、なんで出版社の人はこんなに驚くんや。そんなにおかしなことなのか」と、めずらしく考えてしまったのです。

そこで、本の中にも登場してもらった友人、谷興征君を呼び出し、酒を飲みに行きました。谷君とは心の周波数が合うのか、僕が気づいていないことをいつも言葉にして教えてくれるのです。

「フミちゃんの、笑わせることから人の心をつかんでいくプレゼンテーション能力はたいしたもんやね。人に物を売るにも話を伝えるにも、笑いという土台が大切なんや。笑わすといっても、特別こっけいな話やバカな話をしなくたっていい。気軽におもしろがってもらって、そのなかにひとつでもヒントになることがあればいいんやないか」

そう言われて、ホッとしました。

この本が谷君の言うように、読者のみなさんにとって、スイスイ読めて、何らかのお役に立つものになったら、こんなにうれしいことはありません。

「人生大繁盛！」。「人生の大応援団、できあがり！」。

「金持ち人生」より、「人持ち人生」のほうが、きっと「人生大繁盛！」。

ご縁を結んで、「また会いたい」と思わせる人になれれば、「人生の大応援団、できあがり！」。

最後になりますが、この本には七人の侍だけでなく、たくさんの方々に登場していただきました。

思うままに書かせていただいたこと、これまでの人生でご縁を結び、僕の心の琴線に、ビビーンとふれてくださったことに、心から御礼申し上げます。

そしてサンマーク出版の青木由美子さん。本というかたちでご縁が広がり、来年の今日が、想像ができないくらいおもしろい日になっていたら、有田みかんどころじゃない、お礼をかついで、山奥から汗だくでもっていきます。

みなさん、ありがとうございました。

二〇〇三年五月

中村文昭

中村文昭の講演が聴ける！

単行本刊行当時の読者プレゼントとしてＣＤ化した
伝説の講演会がフルサイズで復活

サンマーク文庫

お金でなく、人のご縁で でっかく生きろ!

2021年7月10日　初版印刷
2021年7月20日　初版発行

著者　中村文昭
発行人　植木宣隆
発行所　株式会社サンマーク出版
東京都新宿区高田馬場2-16-11
電話 03-5272-3166

フォーマットデザイン　重原 隆
本文DTP　山中 央
印刷・製本　中央精版印刷株式会社

落丁・乱丁本はお取り替えいたします。
定価はカバーに表示してあります。

ISBN978-4-7631-6126-0　C0130

ホームページ　https://www.sunmark.co.jp